I0029760

IDEOLOCITY(2): Las Llaves de la Política

IDEOLOCITY(2): Las Llaves de la Política

Germinal Boloix

Germinal Boloix
2023

Copyright © 2023 por Germinal Boloix
Todos los derechos reservados. Este libro completo o cualquier porción, no puede ser reproducido o usado de ninguna manera, sin el permiso expreso por escrito del escritor, excepto para breves párrafos usados en un resumen del libro o en una revista científica o informativa.

Portada: "Las Llaves de la Sabiduría"

Primera Impresión: 2023

ISBN 978-1-7771234-2-0

Germinal Boloix
email: gboloix@hotmail.com
Página web: gboloix.wordpress.com
Blog: gboloix.blogspot.com, ideolocity.blogspot.com

Dedicación

A todos los que desean un mundo mejor respetando al ser humano, su autonomía y su libertad. También a aquellos que comprenden la naturaleza y desean mantener la sostenibilidad del planeta.

Contenido

Reconocimiento

Quiero agradecer a todos los que de una forma u otra inspiraron la elaboración del libro. La obra se completó gracias a las publicaciones e intercambios que promueven el intelecto, incluidos videos, textos y el contacto informal.

Prefacio

La política es una de las ciencias empíricas más importantes para la vida en sociedad pero son muy pocos los políticos que se han destacado haciendo mejorar, en todos los sentidos, a sus pueblos. Si bien es cierto que la economía es muy importante para mejorar la vida de los ciudadanos, no es menos cierto que no solo de pan vive el ser humano. Hay muchísimas otras consideraciones que deben tomarse en cuenta para complacer la diversidad humana, entre otras, la importancia del individuo, el significado de la vida, la integración del individuo en la sociedad, la comprensión de los valores morales, la importancia del conocimiento, la búsqueda de la sabiduría, la organización de la sociedad, los avances científicos, las instituciones constructivas, el cuidado del medio ambiente, y así sucesivamente.

Hay que resaltar que la política es una de las profesiones más exigentes que puede aspirar a ejercer el ser humano. No puede negarse la dificultad extrema que representan las decisiones políticas; la sociedad es diversa y cada uno se hace una idea propia, es muy difícil poner de acuerdo a la gente. Por eso muchos políticos se inclinan a las soluciones simplistas, a veces cargadas de inmediatismo y totalitarismo, inspiradas en la crianza maternalista y paternalista, para obligar a obedecer a los demás, aunque estén equivocados. Para empeorar la situación, son muchos los incapaces que se dedican a la política, explotando su popularidad o su poder, consideran que la política es una profesión que la ejercen los líderes carismáticos, aquellos que creen que tienen la razón porque hay una masa amorfa de ciudadanos que los aclama. Otro aspecto importante es que los políticos deben integrarse con equipos, capaces de proponer soluciones tomando en cuenta varios puntos de vista provenientes de las profesiones más disímiles.

En esta obra, los conocimientos requeridos los llamamos llaves, son las herramientas que permiten a los políticos ejercer a plenitud su profesión. Un buen político necesita quemarse las pestañas y sudar la gota gorda, para adquirir conocimiento y promover criterios sólidos y sustentables para el buen funcionamiento de la sociedad. La política no es precisamente una profesión intuitiva, aunque se puede nacer carismático; no se nace político, la política se aprende con el paso de los años, acumulando teoría y práctica.

Las llaves identificadas se integran dentro del contexto de una plataforma para la documentación, estudio y definición de ideologías, denominada Ideolocity, que literalmente significa la ciudad ideológica. Esta se organiza en categorías: sistema político, sistema económico, influencia personal, influencia social, esfera ideológica, y esfera pragmática, asociando atributos con sistemas sociopolíticos e ideologías. La plataforma está orientada a identificar los principios y valores que orientan el comportamiento humano en la sociedad, considerando la política, la geopolítica, la filosofía, la ética, las emociones humanas, la profundidad de pensamiento, la economía, las ideas, y la puesta en práctica de todos esos conocimientos. La plataforma ayuda a los políticos a entender mejor su potencial de contribución en la sociedad en vista de que pueden comparar atributos a través de la variedad de ideologías y sistemas políticos.

Es bien conocida la mala opinión pública que tienen los políticos, se la han ganado con el sudor de su frente, o sea, ejerciendo malamente sus funciones. Pero está en manos de los ciudadanos saber identificar a los tierrúos para alejarse de ellos y no apoyarlos; al fin de cuentas, depende de los políticos que cambie esa mala interpretación, los seres humanos están capacitados naturalmente con el potencial de transformación que requiere la humanidad, pongan un poco de su parte para mejorar. Los políticos necesitan conocimiento y criterio, precísamente las llaves de la política, para abrir o cerrar puertas, compartimientos, o caminos, que ayuden a los ciudadanos a vivir mejor. Los políticos necesitan conocer de todas las ideologías que desembocan en sistemas sociopolíticos para gobernar a los pueblos. Así como hay políticos que tergiversan las ideologías para ganar adeptos, deben surgir políticos honestos y sabios que promuevan el trabajo, la participación, la trascendencia y la transformación de la sociedad. Y aquellos ciudadanos que, por error u omisión, dejan que sean políticos ineptos los que definan el destino de la sociedad, les hago un llamado a la cordura para que favorezcan la sabiduría en lugar del carisma. Si existieran políticos que concocieran de historia, de ideales y de seres humanos, por lo menos tendríamos esperanzas de transformar el mundo en un lugar mejor; los sabios son los responsables de dirigir a los pueblos.

En esta obra se proponen algunas llaves o herramientas que favorecen la labor de los políticos para trascender la superficialidad tradicional del ejercicio de su profesión, pasando de charlatanes o bufones, a filósofos o sabios. Además de reseñar las características de la política y de los políticos, el libro identifica los principales modelos sociopolíticos, inspirados en las ideologías más conocidas. Se requiere un conocimiento profundo de la sociedad y los individuos para reflexionar sobre el significado de la vida e identificar los intereses y motivaciones de los seres humanos. Las llaves o herramientas permiten mejorar las decisiones políticas, incluyendo consideraciones de apoyo emocional para comprender mejor a los seres humanos, apoyo filosófico para mejorar la argumentación de los temas que requieren nuestra atención, apoyo ético para definir las disyuntivas morales que enfrentan los ciudadanos, el uso e identificación de principios que sirvan de guía a las decisiones, transformarse en un gran pensador para atacar los problemas principales con visión de futuro y evitar soluciones aceleradas que no resuelven los problemas de fondo. Finalmente, se pone en práctica, a través de ejemplos, el uso de las llaves o herramientas presentadas en la obra.

Los políticos suelen trabajar al día a día, con visión rutinaria y superficial, sin proponer enfoques a largo plazo. Algunos se aprovechan de los enfoques ideológicos para hacer creer a los partidarios de que son compasivos y benefactores, cuando en realidad alientan el totalitarismo ineficiente que solo lleva a la destrucción de la sociedad; los enfoques socialcomunistas son un claro ejemplo de ello. Las ideologías están normalmente enfocadas al futuro, a cómo se aspira que la sociedad evolucione. Las ideologías promueven aspiraciones para mejorar la vida de los seres humanos, pero se necesitan de instituciones que permitan conquistar esas aspiraciones; la sociedad necesita un cierto grado de organización para dar servicios públicos. La política, utilizada en beneficio de los seres humanos, debe dirigirse hacia las transformaciones que requiere la sociedad, para que los individuos dispongan de un ambiente idóneo para producir y trascender y lograr la soñada satisfacción en la vida.

La política es una ciencia empírica, no es una ciencia matemática, se basa en principios humanos, los cuales son imposibles de unificar debido a la diversidad humana. Ahora bien, no porque sea empírica vamos a inventar políticas y las vamos a probar para ver que pasa; tenemos que pensar, evaluar y reflexionar sobre el alcance de las políticas antes de ponerlas en práctica. La medicina también es una ciencia empírica y no por ello el doctor va a recetar al paciente con una medicina desconocida que no sabe que efectos produce ya que pone en peligro la vida del paciente. Lo mismo ocurre con la política, no vamos a establecer políticas en que desconocemos su resultado, podemos destruir a la sociedad.

La política extrae sus conocimientos y principios a partir de las ciencias políticas, la geopolítica, la sociología, la psicología, la historia, la filosofía, la ética, la moral, la economía, la neurociencia, y otras ciencias y campos relacionados. El conocimiento necesario en funciones políticas es monumental, estudiando y comprendiendo el comportamiento social que debe producir acciones gubernamentales convincentes, lideradas por políticos honestos. Explorando las relaciones entre disciplinas, la política permite definir la estructura social, los actos gubernamentales, las decisiones políticas, la solución de conflictos, y el uso y abuso del poder; todo ese proceso refleja las ideas y aspiraciones que motivan a la sociedad para superar los retos y miedos que afectan a la población.

Los políticos deben fungir de gerentes con formación filosófica, esos que comprenden a los seres humanos y sus necesidades, con un conocimiento amplio de aspectos éticos y morales, de justicia, del significado de la vida, y del efecto de las ideologías, y así definir los rumbos de acción. El pensamiento de los políticos no es sobre la creación de un buen gobierno, es básicamente el de mantenerse en el poder. Tener un buen gobierno es difícil, la ciencia es difícil, las matemáticas son difíciles, la economía es difícil. Los políticos prefieren respuestas simples en lugar de solucionar los problemas de fondo, ya que la rapidez y precisión los hace populares. Por eso prefieren anécdotas en lugar de estadísticas, se convierten en echadores de cuentos en vista de que visitan a los partidarios puerta a puerta y recogen centenares de anécdotas para usarlas en sus discursos.

La sociedad es una comunidad inventada, compuesta por miles de personas, que contribuyen anónimamente con las necesidades básicas de supervivencia, cobijo, compañía y seguridad. Las sociedades han progresado no solo por el potencial colaborador de las personas, sino porque la organización de la sociedad permite el anonimato, los individuos no necesitan ser fraternales unos con otros, basta con la división del trabajo para entenderse; grupos de desconocidos intercambian bienes y servicios con el fin de satisfacer sus necesidades. Podría afirmarse que la sociedad funciona justamente porque la gente colabora espontáneamente sin saber con quién; si supieran con quién colaboran puede ser que dejaran de hacerlo; los humanos son exigentes, cuando la reputación de otros es negativa, los rechazan o los tratan con prudencia.

Las ideologías son modelos que explican cómo interpretar los principios que caracterizan a los humanos y establecer una convivencia pacífica en sociedad. Hay innumerables ideologías, unas orientadas al mundo occidental y otras más enfocadas al mundo oriental. En el oriente, hay un fuerte componente teocrático, principalmente los musulmanes y los talibanes, donde la religión tiene toda la influencia sobre los gobiernos. En estas sociedades, consideran el poder del estado y el de la iglesia al mismo tiempo, mientras que en occidente los dos están separados. Las funciones básicas de un gobierno teocrático son parecidas al occidente ya que los servicios primordiales son requeridos por todos los ciudadanos, pero los principios que los guían son distintos. En occidente, estamos acostumbrados a modelos ideológicos en que la iglesia tiene mínima influencia, se enfatiza la importancia del ser humano, el medio ambiente, el comercio y la productividad.

Los sistemas sociopolíticos representan la implantación de las ideologías en la sociedad. En general, las ideologías identifican qué problemas existen y definen modelos ideales sobre el funcionamiento de la sociedad. Los sistemas sociopolíticos, representan el cómo resolver los problemas. Puede afirmarse que el qué lo tienen claro todas las ideologías y todas coinciden en la mayor parte de los casos en el qué. Es en el cómo donde aparecen las divergencias. Todas quieren eliminar la pobreza, tener mayor igualdad, favorecer a los humanos, etc. pero el cómo hacerlo crea los trastornos que todos conocemos, unos son más libertarios otros son más totalitarios.

Los eventos que desencadenaron el proceso de investigación que nos trae a la presente obra, se relacionan con la desastrosa experiencia del socialismo absurdo del siglo XXI en Venezuela. Comenzó por una inquietud individual, cómo un ciudadano común se veía afectado por las políticas colectivistas nefastas de un teniente coronel con una ignorancia supina de los seres humanos. Cómo un sistema sociopolítico inviable se apoderaba del poder y la sociedad quedaba condenada a la voluntad de una élite opresora. El sistema socialista absurdo utilizó la expropiación de las tierras y las industrias, y la aplicación del sectarismo, a todo nivel, para perjudicar a los opositores al gobierno y hacerse con el control de todas las instituciones del país. Todas las medidas totalitarias sugeridas en el Manifiesto Comunista de Marx y Engels fueron ensayadas en Venezuela, haciendo ver que ayudaban a los más necesitados, pero era la nueva élite al mando la única que mejoraba. Los pobres seguían siendo pobres, desmejorando más y más, mientras que el resto de ciudadanos que vivían mejor, ahora sufren de los abusos del poder totalitario sin poderse revelar ante la injusticia. Con el socialismo absurdo no existe separación de poderes y todas las instituciones están dominadas por los leales al gobierno, solo la élite al mando progresa.

Ese nefasto socialismo absurdo se ha mantenido en el poder por más de 20 años gracias a la permisividad de los ciudadanos y a la alianza cívico-militar desarrollada por el finado Hugo Chavez. Los ciudadanos dejaron de participar en las decisiones del país y los militares se apoderaron de todas las instituciones públicas con la anuencia del líder todopoderoso; es bien conocida la ineptitud de los militares en el área económica y social, no tienen ninguna preparación profesional para hacer progresar un país. Apoderándose del poder y utilizando todos los subterfugios habidos y por haber, el líder galáctico, acompañado de su tropa, dañó el futuro de varias generaciones de ciudadanos; el gobierno, para demostrar su compasión hacia el pueblo, se encargó de una buena parte del suministro alimentario subsidiado de la población, volviéndola dependiente del ejecutivo; el país se arruinó entregando migajas a los pobres y desviando los recursos del estado a los bolsillos de la élite política; la falta de inversión en servicios públicos sumió a la población en una vida ardua y penosa; la fuerza bruta del gobierno fue utilizada para la represión y el mal vivir de todos.

El autor desenmascaró al socialismo absurdo del siglo veintiuno en Venezuela, un sistema con inclinación socialista y matices fascistas. Su primer libro presenta inquietudes relacionadas a la retardataria experiencia del socialismo absurdo en Venezuela. [Boloix 2017] A continuación siguió una investigación sobre la relación de la filosofía con el socialismo, usando como anfitrión la visión moralista de Friedrich Nietzsche. [Boloix 2018] Luego siguió el estudio histórico del sociocomunismo, demostrando la experiencia tenebrosa en la Unión Soviética, China, Vietnam, Korea del Norte, Alemania Nazi, Venezuela y Cuba, y cómo todos esos sistemas terminaron en desastres. [Boloix 2019a] La importancia de la naturaleza humana, que difiere de la visión socialista del mundo, establece que los seres humanos tienen una configuración mental y física que los hace ante todo seres independientes, pero que pueden ceder a la necesidad de compañía y colaboración para mejorar sus condiciones de vida. [Boloix 2019b] Luego, propuso una plataforma para analizar los sistemas sociopolíticos, Ideolocity, que documenta la dimensión socializadora que engloba los sistemas políticos y económicos, la influencia personal y social, y las esferas ideológicas y pragmáticas. [Boloix 2020] La investigación desembocó en la obra Ideolocity (1): Humanidad Consciente, referida a la importancia del ser humano en todas las decisiones que afectan a la sociedad; incluye una integración de conceptos que requieren del establecimiento de un modelo universal de valores que permite documentar y estructurar ideologías. [Boloix 2021] La presente obra identifica una serie de llaves o herramientas que ayudan a los políticos a ejercer mejor su profesión.

Proceso de escritura del libro

Inicialmente había considerado escribir una obra utilizando la plataforma Ideolocity para analizar cuáles sistemas sociopolíticos sustentan mejor los principios de convivencia humana. Ideolocity contiene centenares de atributos que permiten analizar las características ideológicas de los sistemas sociopolíticos. Analicé el lema francés de libertad, igualdad y fraternidad, utilizando la plataforma. A medida que me adentraba en el estudio comencé a notar que existía un vacío de conocimiento sobre las llaves o herramientas para ayudar a los políticos a realizar esos análisis. Entonces comencé a investigar sobre posibles herramientas y llegué a identificar temas como el apoyo emocional para entender a los ciudadanos, el apoyo filosófico para entender la vida y saber explicarla, el apoyo ético para estudiar las recomendaciones de comportamiento de las personas y los grupos, la necesidad de estudiar los principios que nos guían en nuestra vida en sociedad, las características de los grandes pensadores que deciden ingresar en la escena política, y finalmente, el estudio de casos utilizando algunas de las llaves o herramientas propuestas.

El apoyo emocional se refiere a las herramientas que le permiten a los políticos entender a los ciudadanos, se refiere a la influencia de las emociones en las decisiones humanas. Las emociones son guías intuitivas de nuestros juicios éticos y morales, definen quiénes somos, qué nos afecta, cuándo actuamos y por qué. El modelo Persona-Mundo permite focalizar nuestra atención, analizar la información disponible, tomar decisiones y manejar las presiones provenientes del mundo que nos rodea. Focalizamos nuestra atención de manera introvertida o extrovertida. Analizamos las situaciones de acuerdo con las creencias que tenemos del mundo que nos rodea y de dónde se toma la información, básicamente usando los sentidos o la intuición. Tomamos decisiones definiendo cómo procesamos la información disponible: usando la lógica (pensamientos) o tomando en cuenta a la gente y las circunstancias (sentimientos). El manejo de las presiones implica definir la visión que tenemos de la vida, la cual afecta la estructura imaginaria del mundo que nos rodea, básicamente se hacen juicios y se definen percepciones.

El apoyo filosófico suministra herramientas útiles para comprender las verdades fundamentales que afectan a los seres humanos y su interacción con el mundo que los rodea; las principales decisiones filosóficas que tomemos afectan aspectos sobre la supervivencia, la trascendencia y la sabiduría, considerando las verdades y dudas que reconocemos. Algunas herramientas filosóficas para el uso de los políticos, tales como la contradicción, los argumentos, la dialéctica, la retórica, y la lógica, permiten mejorar el proceso de reflexión.

El apoyo ético permite considerar el comportamiento esperado de los seres humanos. El razonamiento ético establece unos pasos a seguir, primero reconocer que se ha producido un evento que requiere de nuestra intervención. Segundo, definir si los eventos afectan la dimensión ética. Tercero, establecer la importancia de la dimensión ética. Cuarto, tomar la responsabilidad de generar una solución ética al asunto. Quinto, establecer cuáles reglas éticas aplican en el caso. Sexto, utilizando argumentos, definir alternativas y sugerir una solución. Séptimo, prepararse para recibir críticas y preparar argumentos para contrarrestarlas. Finalmente, actuar en consecuencia para resolver la situación identificada.

El uso de principios está asociado a los valores, la importancia que se le da a las cosas, son recomendaciones universales, bien valoradas por las personas, una especie de norma. ¿Qué valor le damos a los principios? Los interpretamos de acuerdo a nuestra propia perspectiva y la comparamos con la visión cultural y social que nos rodea. Las personas aceptan ciertas divergencias entre individuos y grupos con el propósito de sobrevivir en sociedad, aceptando principios con reservas y no por convencimiento; y aún difiriendo, es necesario negociar para convivir. Los gobiernos deben manejar las situaciones conflictivas, pueden haber diferencias de opinión que afectan la visión de las personas, y negociar la solución que beneficie a todos los grupos o que los perjudique lo menos posible.

Los grandes pensadores deben tener una capacidad especial para identificar los temas más importantes para la sociedad y los individuos, estudiarlos en profundidad, y proponer las mejoras necesarias. Los grandes temas que afectan a la humanidad son los que requieren de la materia gris para razonar y proponer grandes soluciones. Los grandes pensadores deben prepararse intelectualmente en todos los temas importantes, aquellos que los afectan personalmente y aquellos que afectan a las sociedades en que se desenvuelven.

Usando las llaves para definir las mejores prácticas debe ser la estrategia común de los políticos, profundizando en las alternativas se llega a la mejor solución. Con un problema cualquiera, se establecen los hechos y las características de los procesos normales que se realizan. Al paso del tiempo y por la acumulación de problemas no resueltos satisfactoriamente, puede presentarse una crisis. Hay que identificar los pormenores, qué sucedió para entrar en crisis, qué ha venido pasando, cuál es la historia de las relaciones, quiénes son los participantes, cuáles son las creencias de cada participante y sus puntos de vista, cuál es la situación actual después de la crisis, qué hacer frente a la crisis.

Introducción

La política es una profesión exigente que requiere entender a los individuos, los gobiernos y las sociedades. La política requiere de un conjunto de actividades ideológicas relacionadas a la toma de decisiones en las asignaciones del poder, el establecimiento de responsabilidades entre individuos, y la distribución de recursos para minimizar las divergencias entre los intereses de los miembros de la sociedad. El conocimiento requerido en política es muy extenso, pero lo principal para un político es convertirse en un sabio con orientación moral y cívica. Lo que se denomina la realpolitik considera que los principios ideológicos deben ser relegados ante la realidad de las circunstancias; los principios se dejan de lado para lograr objetivos pragmáticos de corto alcance; son los gobiernos, a través de la élite en el mando, los que se encargan de tergiversar la realidad. Sin embargo, hay ideologías que promueven que los estados sean estructurados con normas de acción sustentadas por principios morales y jurídicos para controlar las acciones gubernamentales y limitar el poder del gobierno.

Las llaves de la política es una metáfora que facilita el entendimiento del complejo mundo político. Una llave puede ser una herramienta o un símbolo, como herramienta es utilizada para abrir y cerrar puertas y compartimientos, y como símbolo representa el poder del que tiene la llave; puede abrir o cerrar el acceso a voluntad cuando la posee; puede sacarle copias para darle acceso a otros; puede quitárselas a los que ya la tenían. Los políticos necesitan innumerables llaves, representadas por el amplio conocimiento que se requiere para ejercer sus responsabilidades. Es lamentable que muchos políticos sean tan superficiales y solo utilicen la popularidad y el tráfico de influencias para ejercer su profesión. En esta obra se proponen una serie de herramientas útiles para convertirse en un político formado para solucionar los problemas que enfrenta la sociedad. No se aspira a incluir todas las llaves existentes pero si a identificar algunas que convergen con las necesidades políticas de avanzada.

Los capítulos de la obra están organizados siguiendo el siguiente esquema: las características de la política y los políticos; los sistemas sociopolíticos y su relación con la sociedad; el apoyo emocional, filosófico y ético; la necesidad de definir los principios que definen a los humanos y su convivencia social; la necesidad de convertirse en un gran pensador para ejercer la función política; y finalmente, el estudio de casos para demostrar el uso de las herramientas.

La Política

La política permite definir la estructura social, los actos gubernamentales necesarios, las decisiones políticas adecuadas, la solución de conflictos, y el uso y abuso del poder. Hay que considerar también las características de los líderes políticos, la solidez de su personalidad, la formación ética, el comportamiento que define su reputación, la motivación demostrada, los juicios emitidos, la integridad de su desenvolvimiento, y los estilos de gerencia que garanticen el éxito. Los políticos se pueden desempeñar en distintos niveles, localmente, en los barrios, urbanizaciones, grupos de trabajadores, apoyando a los ciudadanos a corto plazo; definiendo las necesidades regionales de infraestructura a medio plazo; integrando las regiones para que haya un flujo comercial y comunicacional constante; finalmente, podríamos hablar de los que se consideran estadistas, los sabios, aquellos que tienen una visión a largo plazo para proyectar el futuro.

Las instituciones básicas para organizar las actividades de una sociedad son fundamentales para su buen funcionamiento. La primera es el estado, que constituye el marco de referencia para organizar el país. La segunda está representada por las reglas legales, conocida como la "rule of law," que protege a los ciudadanos y a la empresa privada. La tercera, sirve para limitar el poder del estado, forzando a los mandatarios a cumplir las leyes y a responder ante parlamentos y organizaciones que defienden los derechos ciudadanos. Las instituciones son muy diferentes de las aspiraciones, éstas representan los deseos de construir una mejor sociedad; y solo deseos no producen mejoras, hace falta una estructura organizacional que permita poner en práctica las ideas.

Los gobiernos son estructuras compuestas por personas y organismos que dirigen una división político-administrativa, la principal de las cuales representa al estado. El gobierno debe estar al servicio de la población y no al contrario, como ocurre hoy en día, en que los gobiernos se transforman en los directores de la vida de los ciudadanos. "El gobierno no tiene porque ser razonable ni persuasivo, es más bien una fuerza. Opera como el fuego, es un sirviente peligroso y un amo temible; en ningún momento se debe permitir que manos irresponsables lo controlen." [George Washington]

Las sociedades modernas han ido evolucionando hacia una doble identidad, por una parte los ciudadanos que desean, primeramente, sobrevivir y progresar, y por la otra los políticos que desean gobernar a los pueblos indefinidamente y a su antojo. Los ciudadanos desean vivir y mejorar mientras que los políticos aspiran a gozar eternamente de las mieles del poder. A pesar de todas las constituciones y leyes, los gobiernos de muchos países subdesarrollados políticamente accionan en detrimento de los ciudadanos y éstos no tienen canales de comunicación eficientes como para formular sus objeciones; en esos países los ciudadanos no tienen manera de reclamar sus derechos y forzar a los gobiernos a renunciar y dejar el poder a otros más capaces. Puede afirmarse que, en general, la sociedad está en crisis, no hay buena comunicación entre los gobiernos y la población; los gobiernos terminan ejecutando políticas que no representan los deseos de los ciudadanos. En latinoamérica, puede afirmarse, con tristeza, que la ignorancia crece igual o más que la pobreza.

La división del trabajo es uno de los principios que ha permitido el progreso de la civilización moderna. La división de responsabilidades en las distintas instituciones del estado, aunado a la autoridad e independencia de cada una de ellas, representa el concepto de separación de poderes. En política, la separación de poderes tiene una connotación adicional, las decisiones no son centralizadas, cada institución tiene la obligación de tomar decisiones sin verse influenciada por el ejecutivo nacional o el partido político que domina el poder. Cuando no hay separación de poderes equivale a que el gobierno se convierte en una dictadura de facto.

El conocimiento en política es fundamental para comprender las situaciones de la vida, profundizando en los temas importantes, tomando en cuenta diversos factores, y sacando las mejores conclusiones. El conocimiento requiere convencer, se debe demostrar la veracidad de los resultados esperados; no es suficiente con decir que sabemos, hay que demostrar con hechos que lo que sabemos es verdaderamente útil. Existen improvisadores de oficio en mucha profesiones, los vendedores, los políticos, los comerciantes, son solo algunos ejemplos. No se debe aceptar la superficialidad de muchos de los responsables de las decisiones importantes que se toman en la sociedad, hay que penalizarlos y retirarlos de la escena política. Para resolver muchos de los problemas políticos hace falta prestar atención a los detalles, son muchos los factores a tomar en cuenta. La curiosidad significa profundizar en el conocimiento y no ser superficial, buscar respuestas simples a preguntas complicadas indica banalidad conceptual.

Los Políticos

Los políticos intervienen en la política aspirando a dirigir el gobierno de un estado, comunidad o municipio. La mayoría suele dedicarse a la política como profesión, pero muchos combinan ésta con el ejercicio libre de una profesión lucrativa, en vista de que la política tiene sus altos y bajos. En general, los políticos tienen mala reputación, se les considera deshonestos, mentirosos, interesados pero se aspira a que sean eficientes, solidarios y prudentes. Lo más importante para un político es ser elegido y reelegido, solo tomando en cuenta las creencias de los votantes y no los hechos, saber guardar secretos, ser fiel al partido y al líder, siempre atacar a los demás partidos, y focalizarse en los que lo eligen. Los políticos prefieren ofrecer respuestas simples en lugar de solucionar los problemas de fondo, ya que la rapidez y precisión los hace populares. La propia naturaleza humana los hace ambiciosos, desean sentirse importantes, que los obedezcan, que los admiren y respeten. El poder es el único medio de lograr sus deseos, aquellos que llegan al poder se sienten triunfantes. Con poder son capaces de mover multitudes, se vuelven arrogantes y engreídos, sienten trascendencia; algunas veces solo piensan en enriquecerse y se olvidan del motivo principal de su trabajo, que es ser servidores públicos.

Los políticos proponen superficialidades, promoviendo al estado benefactor; las políticas de bienestar social tienen el riesgo de malacostumbrar a la gente aliviando sus presiones económicas y fomentando la ociosidad, haciéndolos cada día más dependientes. Los políticos, sobre todo los de izquierda, favorecen a un grupo de la población en perjuicio del resto; no se cansan de decir que favorecen a los pobres, cuando en realidad perjudican a todos. Los socialcomunistas hacen ver que favorecen a los pobres y necesitados, pero lo que hacen es penalizar injustamente a los que quieren vivir mejor. Es común en esos estados totalitarios fomentar el poder público en perjuicio del poder privado.

Los Sistemas Sociopolíticos

El humanismo es una filosofía que privilegia los valores morales de los seres humanos, centrándose en la realización de sus necesidades y aspiraciones, combinando la visión individual con la social. Las teocracias son sistemas de gobierno en que la autoridad política se considera emanada de dios, y es ejercida directa o indirectamente por un poder religioso, formado por sacerdotes, ministros o monarcas. El comunismo es un sistema totalitario que busca igualar a todos los ciudadanos por debajo, haciéndolos cada vez más pobres. El socialismo tradicional promueve la administración pública en detrimento de la privada, los grandes medios de producción en manos del estado y gastan el presupuesto nacional tratando de mejorar las condiciones de vida de los más necesitados sin tomar en cuenta que perjudican a todos. El Socialismo Absurdo (Socialismo del Siglo XXI) es una interpretación amorfa y caduca del socialismo y el comunismo, con inclinaciones fascistas y caracterizado por la desorganización de los servicios públicos y el extremo control político de los individuos. La socialdemocracia es una reinterpretación del socialismo para adaptarse a la realidad mundial, combinando ayuda social con capitalismo. El anarquismo es una ideología radical y revolucionaria que busca la abolición del modelo gubernamental existente en las sociedades modernas pero que propugna principios libertarios para mejorar la vida de los ciudadanos. El liberalismo es una ideología que coloca, al igual que el anarquismo, al individuo como principal actor; si no existe individuo educado, no existirá una sociedad justa; coloca controles a los entes gubernamentales para evitar excesos contra los individuos u organizaciones. La ideología de los conservadores está orientada al mantenimiento de la noción de individuo dentro de la sociedad pero de acuerdo a la historia, las tradiciones, y la cultura de esa sociedad; los conservadores detestan el cambio, quieren mantener la sociedad con las mismas desigualdades, sin proponer mejoras. El capitalismo democrático equivale a la versión opuesta a la socialdemocracia, siendo más capitalista que social; este sistema coloca el énfasis en las instituciones productivas, comerciales y financieras, incluyendo las industrias y la propiedad privada, en lugar de la ayuda social, la cual queda relegada a un mínimo. El fascismo está asociado al nacional socialismo, tiene una visión política de la sociedad, donde el estado, con la autoridad del líder máximo, se encarga de definir la economía y el resto de actividades sociales. El fascismo se caracteriza por promover el populismo, haciendo ver que trabaja para mejorar la vida de los más necesitados en la sociedad.

La Sociedad

Durante la evolución humana la sociedad vivió por mucho tiempo al nivel de las tribus, era fácil poner de acuerdo a centenares de personas para que coincidieran en una determinada forma de vida. Ha sido relativamente reciente la transformación de la sociedad en conglomerados de cientos y decenas de miles de habitantes sujetos a los mismos principios. Es por ello que existen distintos puntos de vista sobre como deben convivir los seres humanos. Los socialcomunistas quieren organizar la sociedad como una gran tribu, usando métodos tribales. Los capitalistas quieren que la sociedad se regule a sí misma sin recurrir a métodos tribales. Los teócratas se rigen por principios derivados en épocas tribales donde la compasión y la piedad es fácilmente implementable pero imposible en la época moderna.

Para mucha gente, la sociedad solo debe centrarse en el trabajo productivo de generación de riqueza; sugieren que los humanos necesitan básicamente ganar dinero y mantener el sustento familiar. Este criterio es parcialmente cierto, pero recordemos que 'no solo de pan vive el hombre;' hay muchas otras actividades, no productivas, que deben realizarse para gozar de salud y felicidad. Otra alternativa es promover el trabajo en todas las áreas, no solo productivas de riqueza, sino también con actividades recreativas, deportivas, culturales, intelectuales, filosóficas, y sociales. El ser humano necesita estar activo, contribuyendo a su propio bien y el de los demás.

Los seres humanos se enfrentan a variados desafíos que requieren ser analizados y resueltos. Hay muchas maneras de evaluar el mundo que nos rodea, una forma sistemática sugiere identificar los hechos (eventos, problemas, dificultades), interpretar su significado (modelos racionales), identificar las reacciones emocionales (rabia, angustia, envidia, etc.), y basados en todo lo anterior, establecer unos fines que nos permitan reaccionar ante los hechos y resolverlos (acción, solución, resultado).

Apoyo Emocional

Los políticos requieren de herramientas para entender las emociones propias y las de los ciudadanos. Las emociones y los sentimientos son términos relacionados pero distintos; las emociones son instantáneas, sorpresivas, los sentimientos son sintetizados, predefinidos. Las emociones se producen en momentos precisos, cuando nos enfrentamos a una situación real o imaginaria, tenemos un choque o nos informan que un familiar cercano falleció, o pensamos en un amigo que ha sido injustamente condenado a prisión por motivos políticos. Los sentimientos son patrones de comportamiento que aprendemos con el tiempo después de sufrir una serie de emociones reales o imaginarias. La acumulación de experiencias emocionales nos hace establecer sentimientos que nos ayudan en futuras ocasiones.

Apoyo Filosófico

Los políticos requieren de herramientas para entender el significado de la vida en sociedad y para comunicar con argumentos convincentes sus ideas. La filosofía puede usarse en todas las áreas del interés humano y sus métodos se utilizan en múltiples contextos. La solución de problemas, las habilidades comunicacionales, los poderes persuasivos, las habilidades discursivas y de escritura, son algunos ejemplos. La filosofía permite presentar las ideas a través de argumentos bien organizados, qué hace diferente un determinado punto de vista en relación a otros, permite aclarar contenidos complicados, así como eliminar ambigüedades y superficialidades. El poder de persuasión se fortifica con una clara formulación de las ideas, la utilización de buenos argumentos, y el empleo de ejemplos apropiados. Algunas herramientas para uso de los filósofos incluyen la contradicción, los argumentos, la dialéctica, la retórica, y la lógica.

Apoyo Ético

Las sociedades son asociaciones de personas que organizan su mundo alrededor de conceptos morales y materiales para sobrevivir y trascender, viven juzgando y siendo juzgados por las acciones ejecutadas. La ética define estándares aceptables sobre lo que es correcto e incorrecto, lo bueno y lo malo, en todos los aspectos de la vida. La ética puede aplicarse en forma prescriptiva (normativa), indicando lo que la gente debería hacer, o descriptiva, explicando lo que actualmente hacen.

Caso 1: La Libertad de Expresión en Venezuela. La libertad de expresión se considera un derecho humano sustentado en principios libertarios del individuo y de la comunicación libre en sociedad. En Venezuela, caracterizada por la violación sistemática de los derechos humanos, se viene controlando el acceso a la información de publicaciones marcadas por su oposición al régimen.

Caso 2: Profesores Afectados por el Sectarismo en Venezuela. Se trata de unos profesores que laboran en un Instituto Universitario bajo el régimen de contrato y se les ofrece participar en un concurso de oposición para convertirse en profesores de escalafón. Se ofrecieron solo cargos a medio tiempo, en lugar del tiempo completo, que ya ejercían, a pesar de las quejas de los profesores. Muchos profesores fueron penalizados por motivos políticos ya que no compartían la ideología gubernamental.

Caso 3: Tenis de Mesa. Las dificultades relativas a la fraternidad jugando ping pong en sencillo y en parejas. Imaginemos un grupo de aficionados que practican el deporte en un centro recreacional para adultos mayores. El ping pong puede jugarse en sencillo, uno contra uno, o puede jugarse en pareja, dos contra dos. En el caso de dos contra dos, existe una cierta necesidad de ser fraterno y solidario con el compañero de grupo, para considerar las debilidades de nuestro compañero y lograr triunfar a pesar de ellas. Pero no hace falta ser fraterno con los oponentes, el objetivo del juego es ganar. En la sociedad existe la necesidad de competencia, para que mejoren cada día los procesos productivos y los servicios brindados; las sociedades que minimizan la competencia le hacen daño a los ciudadanos, los despojan de una mejor vida.

Uso de Principios

Los principios se asocian a las recomendaciones sugeridas para el comportamiento de los individuos en sociedad. Corresponden a teoremas o leyes científicas que se generalizan en campos de estudio; son verdades generales o básicas que justifican otras verdades o teorías relacionadas. Por ejemplo, en política, el principio de separación de poderes sugiere que las instituciones actúen de manera independiente en la toma de decisiones para evitar que un punto de vista único, totalitario, se apodere de todas las decisiones del estado. A continuación algunos ejemplos representativos de los tipos de principios que deben manejar los políticos.

Buscar la Verdad. La verdad está relacionada con la confianza y nos permite comprender a los que nos rodean. Cada persona o grupo define sus verdades y trata de convencer a los demás utilizando razonamientos. 'Siempre debemos convencer, vencer a los demás para imponer nuestra visión dejará cicatrices imposibles de borrar.'

Elegir los Compromisos. Es una buena idea definir las actividades en que vamos a cumplir nuestras promesas; las responsabilidades que adoptamos y el establecimiento de los planes para lograr resultados son pasos hacia la participación constructiva. 'Es imposible cumplir todas las peticiones que nos hacen pero cuando nos comprometemos, debemos cumplir.'

Confianza Relativa. La confianza que tengamos en los demás está relacionada con la convivencia; si no confiamos en los que nos rodean, las actividades no se completan y siempre quedan dudas, al final padecemos una vida plena de inseguridades, no confiamos en nadie. 'La desconfianza siempre está latente y sabemos que causa desgaste emocional y físico, los seres humanos demuestran que no son lo confiables que pudieran ser.'

Responsabilidad. Los individuos deben ser siempre los mayores responsables de sus acciones, imagínense la responsabilidad de los políticos; no se necesitan benefactores que estén pendientes de cómo nos va en la vida, haciéndonos dependientes, lo que necesitamos es el ambiente adecuado para progresar. 'La responsabilidad es la mayor fortaleza de los individuos, aquellos que la ejercen trascienden hacia la esencia del ser humano.'

Libertad. La libertad es inalienable, es un derecho humano, nadie tiene derecho a restringir nuestra libertad de movimiento y toma de decisiones. Limitar la libertad de las personas va en contra de la esencia misma de lo que significa ser humano. 'No hagas a otro lo que no quieres que te hagan a tí es un buen comienzo para respetar la libertad de las personas.'

Desigualdad Natural. Los seres humanos se caracterizan por sus diferencias no por sus igualdades. Algunos dirán que todos somos iguales a imagen y semejanza de nuestro señor todopoderoso pero esto no es demostrable. 'La naturaleza humana nos ha hecho diferentes, por lo tanto, inventar una igualdad inexistente solo hace acrecentar la envidia de unos contra otros.'

Fraternidad Relativa. La fraternidad solo existe en contextos bien precisos donde todos los participantes coinciden en los enfoques establecidos, tienen similares objetivos, o desean colaborar voluntariamente independientemente de la situación. Obligar a las personas a ser fraternas es antinatural por lo tanto dejemos a cada uno actuar de acuerdo a sus propios criterios.

Los Grandes Pensadores

Los políticos requieren de variadas herramientas para analizar y concebir los factores que definen la dirección de la sociedad; una de las estrategias requiere convertirse en un gran pensador. Los grandes temas que afectan a la humanidad son los que requieren de la materia gris para razonar y proponer grandes soluciones. Los pensadores deben tener una capacidad especial para identificar esos temas, estudiarlos en profundidad, y proponer las mejoras necesarias. A continuación algunos de los temas sugeridos.

Límites de la Libertad. El único motivo por el cual debe prohibirse la libertad individual es para evitar que se perjudique a otro individuo; este principio se extiende a grupos, organizaciones, etc. Por lo tanto, las leyes se escriben para prevenir a los individuos (o grupos) e indicarles cuáles son sus límites.

Importancia del Individuo. Los seres humanos son primeramente individuos, con motivaciones e intereses propios, y que responden también a influencias externas, emanadas de la familia o la sociedad. En el dilema individuo-colectividad algunos colocan a la colectividad por encima del individuo y otros colocan al individuo primero a sabiendas que cede a necesidades grupales.

La Guerra, los Militares. Usualmente, los seres humanos recurren a la violencia para hacer valer sus opiniones, cuando son distintas de otros que los rodean. ¿Por qué los países mantienen fuerzas militares si hay paz entre los países, por qué se mantiene una fuerza militar? aunque uno esté en favor de la paz debe reconocer que los seres humanos son belicosos, y ante este potencial es preferible protegerse.

La orientación de la Sociedad. Las sociedades tienen que definir cuáles son los valores a perseguir, cuáles son las actividades que le dan sentido a la vida en comunidad. Entre otras, las siguientes son algunas de las orientaciones más comunes, orientación a la producción, al comercio, a la cultura, a los pobres, a los trabajadores, y a fomentar el poder de los trabajadores y disminuir el de los gerentes.

Profundidad de Pensamiento. Las ideas pueden estudiarse a distintos niveles de profundidad; superficialmente podemos comenzar a comprender, pero solo a medida que profundizamos encontramos elementos que aclaran las necesidades y llegamos a soluciones satisfactorias.

Analizar el Por Qué del Porque. Cuando encontramos una explicación sobre un tema o problema a resolver, llegamos a una conclusión que tiene un porque; el ejercicio adicional es explicar el por qué llegamos a ese porque.

Producir Soluciones Comprobables. Es común en política proponer alternativas que no han sido comprobadas en la práctica; se implanta una solución que no ha sido comprobada previamente en algún escenario modesto antes de afectar a toda la población; usualmente se sigue el proceso empírico, probando y corrigiendo con todos los afectados.

Pensar con Mente Abierta. Los grandes pensadores tienen que poseer una mente abierta, dispuesta a escuchar distintos puntos de vista, analizarlos en profundidad, y finalmente recoger las mejores ideas y ponerlas en funcionamiento. Tener la mente abierta no es común, la mayoría de los humanos tienen tendencia a encerrarse en ideas inviables y mantenerlas presentes como verdaderas sin aceptar otros puntos de vista.

Comunicarse Eficientemente. Los grandes pensadores necesitan comunicarse efectivamente con todos los grupos de ciudadanos. Existen muchas técnicas comunicacionales que el gran pensador debe dominar, además de las técnicas individuales de escritura, presentación de ideas, comunicación oral, saber escuchar, uso de medios de comunicación modernos utilizando internet, etc. debe conocer técnicas de negociación, eficiencia, y evaluación que le permitan expresar conclusiones bien analizadas que cuenten con la comparación de varias tendencias ideológicas.

Razonamiento Positivo. Los grandes pensadores se caracterizan por la constancia de sus observaciones, pensar requiere una rutina diaria de trabajo, no es algo fortuito que proviene del exterior de nuestros cuerpos, en todo caso es una combinación de conocimientos almacenados y circunstancias reales o abstractas que aclaran una estrategia o definen una idea nueva.

Usando las Llaves

La política es una actividad que implica, además de muchos otros factores, comprender las relaciones humanas ya que éstos son los que se benefician de la contribución política. Cuando se presenta un problema cualquiera, necesitamos establecer los hechos y las características de los procesos normales que se realizan. Con el paso del tiempo y por la acumulación de problemas no resueltos satisfactoriamente, puede presentarse una crisis. En este caso, con más razón, tenemos que identificar los pormenores, qué sucedió para entrar en crisis, qué ha venido pasando durante el tiempo, cuál es la historia de las relaciones, quiénes son los participantes, cuáles son las creencias de cada participante y sus puntos de vista, cuál es la situación actual después de la crisis, qué hacer frente a la crisis.

La Transformación de la Sociedad. La evolución de la sociedad es un fenómeno normal en todas las culturas, con el paso del tiempo ocurren cambios que desembocan en cambios del comportamiento social. Muchas veces los cambios pueden ser positivos pero en otras ocasiones resultan negativos ya que fomentan aberraciones o perversiones; la moral, las buenas costumbres, las virtudes, los principios y valores pueden verse afectados.

Uno de los temas estudiados es la legalización de las drogas, en particular el caso de la mariguana. Muchos países ya han liberado la producción, distribución, venta, y consumo de esa droga. De la misma manera que solucionan parte de los problemas, crean nuevos problemas que requieren de solución. Hoy en día, son los vecinos de fumadores de droga los que salen perjudicados, el humo de la droga se mete a todos los apartamentos o casas cercanas, causando molestias pulmonares.

Otro tema es el comienzo de la guerra entre Rusia y Ucrania, donde Putín se tomó la justicia en sus manos (apoyado por la élite al mando y sin apoyo popular) y decidió invadir una país prácticamente indefenso; aplicando una visión étnica de la historia rusa, utilizando la violencia y la intimidación (guerra y amenazas), aludiendo a los fines de grandeza imperial de la antigua Unión Soviética.

El tema siguiente se refiere al Convoy Libertario de los Camioneros en Ottawa. La pandemia de Covid representó una de las mayores pifias médicas y gubernamentales de la historia. Se vulneraron principios básicos que afectaron la libertad de los seres humanos. Los ciudadanos no reaccionaron a tiempo ante las medidas coercitivas pero una protesta de camioneros, exigiendo la eliminación del requisito de las vacunas en la frontera USA-Canadá, despertó los ánimos, e identificó la injusticia infligida a toda la población (confinamiento y exigencia del pasaporte de vacunas).

Hay temas de importancia para la política que prefiero dejar en manos del lector para que se informe por su cuenta. Entre ellos, la importancia de los mitos o leyendas, la imaginación, la superstición, los cuentos o historias, la determinación de los valores, las creencias, la idealización, el simbolismo, las fantasías, los arquetipos.

Las habilidades de las personas que contribuyen en la sociedad son fundamentales para poner en funcionamiento el capital social y humano. Liderazgo, trabajo en equipo, gerencia, emprendimiento, organización, disciplina, motivación, eficiencia, negociación, reconciliación, procesos metódicos, solución de problemas, modelos mentales, influencia emocional, evitar sesgo cognitivo, fomentar mente crítica, concentrarse en las causas, buscar soluciones, y tener humildad intelectual.

Las herramientas de análisis para los grandes pensadores permiten definir las grandes decisiones que necesitan los seres humanos. Se requieren herramientas para producir mejores propuestas, algunas de las más importantes: interpretación y criterio, dilema y crítica, creatividad, curiosidad, inventiva, contemplación, observación, comprensión, presentimiento, intuición, abstracción y generalización, persuasión, perspectiva, metáfora, analogía, y falacias.

Capítulo 1: La Política

La política tiene por lo menos dos perspectivas, lo que debería ser y lo que es. Debería ser una ciencia útil para la sociedad pero se ha convertido en un pasatiempo de unos aprovechadores de oficio que no brindan beneficios sustentables a la población. El objetivo final de la política debería ser establecer las condiciones sociales para que la gente pueda progresar con su propio esfuerzo. Pero la realidad demuestra que con las políticas implementadas, los ciudadanos se convierten en dependientes del gobierno de turno y así contribuyen a la permanencia de la élite en el poder. Los gobiernos fomentan la ignorancia y la envidia para alentar pasiones en contra de los grupos que progresan por su propio esfuerzo en la sociedad, aquellos que se oponen a recibir dádivas gubernamentales.

La política se considera una ciencia empírica, 'se observa el mundo,' 'se tienen algunas ideas,' se desarrolla una teoría para racionalizar las ideas y observaciones, 'se prueba la teoría' con experiencias empíricas y si las ideas y observaciones no concuerdan con la teoría, entonces la teoría falla y hay que reinventar: las ideas pueden ser abstractas y se integran a las observaciones del mundo, el 'lado empírico,' el cual es fundamental para comprobar la teoría ya que si no funciona en la práctica, para que sirve implementarlo. La ciencia se basa en evidencias, si no, no es ciencia; si una ideología no da resultado hay que modificarla o descartarla, por ejemplo, los gobiernos que no comprueban el buen funcionamiento de sus ideologías demuestran lo equivocados que están. Las decisiones políticas deben basarse en comprobaciones, tomando en cuenta, además de la supervivencia, aspectos filosóficos para entender la vida y consideraciones éticas de comportamiento individual y social.

La política extrae sus conocimientos y principios a partir de múltiples fuentes, las ciencias políticas, la geopolítica, la sociología, la psicología, la historia, la filosofía, la ética, la moral, la economía, y otras ciencias y campos relacionados. El conocimiento necesario en funciones políticas es monumental, estudiando y comprendiendo el comportamiento social que debe producir acciones gubernamentales convincentes, lideradas por políticos honestos. Explorando las relaciones entre disciplinas, la política permite definir la estructura social, los actos gubernamentales, las decisiones políticas, la solución de conflictos, y el uso y abuso del poder;

todo ese proceso refleja las ideas y aspiraciones que motivan a la sociedad a superar los retos y miedos que afectan a la población.

La política tiene que considerar también las características de los líderes políticos, personalidad, ética, comportamiento, motivación, juicios, integridad, y estilos de gerencia. Los psicólogos sociales tienen mucho por contribuir para mejorar la naturaleza divisoria de los partidos políticos y lo que puede hacerse para permitir la participación de todos, reconciliando las distintas voces, posiciones y diferencias de opinión que impiden el progreso y dividen a la población. Hay varios niveles de responsabilidad de los políticos, unos trabajan localmente junto con los ciudadanos para ayudarlos a solucionar temas de supervivencia y necesidades de servicios diarios; hay políticos que trabajan definiendo las necesidades regionales para que mejore la vida de los ciudadanos a través de infraestructuras eficientes; hay políticos que trabajan a nivel nacional para integrar las regiones y haya flujo constante de interacciones favorables; finalmente, podríamos hablar de los políticos que trabajan al nivel mundial para integrar necesidades entre naciones.

La política no es determinística, por lo tanto no puede predecir los resultados de su gestión, se le considera caótica ya que hay muchos factores afectando las consecuencias de su gestión. Una característica de la política es que cuando se hace una predicción de los resultados, éstos suelen afectarse; la predicción tiene un efecto retroalimentario que hace que los responsables tomen medidas para alterar la respuesta predictiva. Un sistema que se define como caótico de nivel uno es el clima; no importa que la predicción sea un día soleado, al final podríamos tener un día lluvioso. Si se hacen predicciones sobre los resultados de las políticas, éstas se verán afectadas. Venezuela ha sido un ejemplo de aplicación de medidas populistas, por ejemplo, ofreciendo productos subsidiados a la población solo para mantenerse en el poder; el empobrecimiento sigue creciendo, impidiendo que la población mejore de acuerdo a su propio esfuerzo. Hay un dicho que dice que "las revoluciones nunca son predecibles, éstas solo ocurren;" predecir una revolución significa que el gobierno tiene oportunidad de prepararse y evitar, así, que triunfen los revolucionarios.

Para triunfar en política hace falta conocer la historia, no para establecer lo que sucederá en el futuro, ya que la política no es predecible, sino para comprender las motivaciones y decisiones de los ciudadanos y líderes que gobiernan los países. Lo que se necesita es ampliar el conocimiento de la evolución política al paso de los años, comprender que la situación presente no es ni natural ni inevitable y que tenemos por delante muchas más posibilidades de las que imaginamos. Por ejemplo, saber que los españoles (y portugueses) conquistaron latinoamérica no significa que ellos fuesen los únicos capaces de hacerlo, pudieron ser los ingleses o los belgas; por lo tanto, hablamos español (y portugués) por un motivo fortuito, bien pudiéramos hablar inglés, francés, o flamenco (Bélgica). Que los europeos conquistaran África no significa que exista una superioridad racial de los blancos sobre los negros; los blancos utilizaron su poder para dominar a esos pueblos, que no estaban organizados para evitar esa conquista. [Harari 2014]

Instituciones Sociopolíticas

Tradicionalmente, se han desarrollado una serie de instituciones básicas para organizar las actividades de una sociedad. La primera es el estado, que constituye el marco de referencia para organizar el país, define quienes son los poseedores de la autoridad y el poder de fuego necesario para mantener la integridad territorial; el ejército y la policía mantienen la paz en las fronteras. La segunda está representada por las reglas y formalizada a través de leyes, conocida como la "rule of law," para proteger a los ciudadanos; por ejemplo, la propiedad privada, los derechos humanos, etc. utilizando las cortes y los sistemas legales. La tercera sirve para limitar el poder del estado, forzando a los mandatarios a cumplir las leyes y a responder ante parlamentos y organizaciones que defienden a los ciudadanos. [Fukuyama 2011]

Los gobiernos son estructuras compuestas por personas y organismos que dirigen una división político-administrativa, la principal de las cuales representa al estado. Las tareas de los gobiernos son múltiples, mantener el orden público, suministrar servicios públicos, definir necesidades de obras públicas, organizar sistemas educativos formales, proteger a la nación, etc. Para llevar a cabo todas esas actividades, se definen organizaciones especializadas: ministerios, agencias gubernamentales, parlamentos, municipalidades, cortes, juzgados, grupos de interés, etc. Los gobiernos establecen políticas y las agencias se encargan de ejecutar los mandatos.

Las instituciones son estructuras organizadas para suministrar servicios a la población, son importantes para canalizar el funcionamiento de la sociedad, se necesita evaluarlas y mejorarlas o sustituirlas para mantener una buena eficiencia; no por ser tradicionales significa que dan buenos resultados, hay que evaluarlas en todos los casos. El progreso de los pueblos depende del conocimiento de los líderes y ciudadanos, las cosas pueden hacerse mejor si hay mentes pensantes que analizan y sintetizan las alternativas. La abundancia de recursos o mentes potencialmente brillantes no determina el progreso, son las instituciones las que hacen la diferencia, éstas equivalen a la estructura funcional para la participación ciudadana. Una población instruida y productiva, con instituciones eficaces, es capaz de gobernarse utilizando los procesos definidos en sus reglamentos. Las mejoras se manifiestan en los aspectos individuales, económicos y sociales; una vida sana, productiva y sabia determina las acciones a tomar en cada circunstancia.

Aspiraciones

Las aspiraciones son muy diferentes de las instituciones. Las aspiraciones son los deseos que tienen los seres humanos para construir una mejor sociedad; solo deseos no producen mejoras, hace falta una estructura organizacional que permita poner en práctica las ideas. Las soluciones deben ser viables, los charlatanes abundan y han generado confusión en la población, proponiendo caminos fortuitos sin base ni demostración de factibilidad. La existencia de instituciones bien organizadas y con fines claros se convierte en un poderoso motivador ya que los objetivos se logran y son demostrables a la población con resultados concretos.

Un grave problema de la política es que define aspiraciones inalcanzables, son muchas las ideologías que promueven fines trascendentales que no definen una ruta clara de implantación. Tradicionalmente, el socialismo, el comunismo y el anarquismo sufren de esa visión idealizada de la vida proponiendo aspiraciones abstractas, y algunas absurdas, que no tienen asidero real en la vida de los seres humanos, éstos son diversos y aspiran a una variedad de enfoques políticos; los seres humanos no son maleables, nacen con ciertas características que no pueden ser alteradas por la imposición ideológica. Adicionalmente, ciertas aspiraciones pueden ser negativas para la vida, el sociocomunismo es totalitario por naturaleza, su única manera de gobernar es obligando a los ciudadanos a obedecer las órdenes emanadas de las élites al mando, buscando uniformidad de criterio personal para servir al estado; el anarquismo, libertario, tiene muchos principios útiles para la humanidad pero nunca ha definido como implantar una sociedad anarquista en el mundo actual.

Las aspiraciones expresadas por los políticos suelen presentarse como deseos benefactores: 'organizarnos para definir los destinos de la humanidad,' 'darle poder a la sociedad civil,' 'permitir la participación de todos en las decisiones que afectan nuestras vidas.' Esas aspiraciones no tienen un asidero sólido como para saber implantarlas, les falta precisión, no indican cómo se ponen en marcha, con qué políticas, con qué estructuras institucionales. Las aspiraciones deben presentarse definiendo objetivos, organización, procedimientos y métodos de evaluación de resultados; en caso de ser exitosos se mantienen, en otro caso se redefinen; es injusto mantener a una población durante años sometida a regímenes inviables que no cambian de rumbo añorando al nuevo ser humano.

También hay que distinguir las estructuras institucionales de los resultados obtenidos. Algunas características institucionales se refieren a 'libre comercio,' 'propiedad privada de los medios de producción,' 'intercambio voluntario de bienes y servicios,' 'sufragio universal.' El libre comercio requiere de la eliminación de aranceles; la propiedad privada de los medios de producción exíge libertad de intercambio de oferta y demanda de esos medios; el intercambio voluntario de bienes y servicios requiere de la libertad del mercado de bienes y servicios; el sufragio universal requiere de la libertad de participación individual en las elecciones. Esas características institucionales darán ciertos resultados: el libre comercio ha incrementado el empleo en porcentajes aceptables; la propiedad privada de los medios de producción ha permitido incrementar la generación de bienes y servicios; el intercambio voluntario de bienes y servicios ha incrementado el empleo de los más necesitados; el sufragio universal ha incrementado la participación política de los grupos minoritarios de la población. [Niemietz 2019]

La evolución de las instituciones políticas sigue un proceso lento y doloroso para organizar las estructuras requeridas para gobernar un pueblo, manteniendo principios tradicionalmente beneficiosos para los seres humanos. Pero el mundo está en constante evolución, las condiciones cambian lentamente a veces, e inesperadamente en otras ocasiones, y hay que adaptarse a las nuevas situaciones. Los sistemas políticos deben modificarse, pero la naturaleza de los seres humanos los hace generalmente conservadores y tratan de mantener las instituciones existentes a toda costa; se crean fricciones entre distintas visiones del mundo y los conflictos se profundizan. Aquellos que piensan que les va bien se oponen a los cambios necesarios, los que están al mando se creen con el derecho de perpetuar su poder, otros no se mortifican por los problemas políticos y solo desean vivir una vida inerme, sin transcendencia; otros saben lo malo que sucede pero piensan que 'en río revuelto, ganancia de pescadores,' y se aprovechan lo más que pueden de la situación pensando que van a solucionar los problemas económicos de sus descendientes, a pesar de que la sociedad colapse ante la desidia. [Fukuyama 2011]

Los Gobiernos

Los gobiernos son estructuras compuestas por personas y organismos que dirigen una división político-administrativa, la principal de las cuales representa al estado. Cuando se habla de gobierno se piensa en una organización de ciudadanos justa y equitativa que permite el libre pensamiento y la actividad libre de ataduras y obligaciones; los seres humanos son libres por diseño, tienen derecho a movilizarse y actuar de acuerdo con su voluntad, siempre y cuando se abstengan de perjudicar a los que los rodean. Es evidente que cuando los seres humanos se reúnen, tienen que ceder en determinados aspectos, pero de mutuo acuerdo con los demás, y no por obligación impuesta injustamente por entes inmorales que no se han ganado el respeto de la población.

El gobierno es la institución creada para dirigir y administrar al estado. El gobierno es otra invención humana, quiénes participaron en su creación, cuáles criterios privaron para estructurarlo, quiénes se benefician de su existencia, son preguntas que nos hacemos para comprender por qué se necesita. Puede afirmarse que el pueblo no ha sido el mayor beneficiado, las élites que han mandado durante la historia son las únicas beneficiadas, por lo tanto, es una estructura que no demuestra solidez moral. El gobierno debe estar al servicio de la población y no al contrario, como ocurre hoy en día, en que los gobiernos se transforman en los directores de la vida de los ciudadanos.

Separación de Poderes

La división de responsabilidades en las distintas funciones de las organizaciones, aunado a la autoridad e independencia de cada una de ellas, representa el concepto de separación de poderes. En Venezuela se ha violado totalmente el concepto de separación de poderes, todas las instituciones dependen de las decisiones formuladas por el poder central; sin embargo, es tan grave el problema que hasta en las instituciones educativas se discrimina por motivos políticos, se manifiesta en la interpretación del director de turno que penaliza a los profesores por no coincidir con los designios del ejecutivo. 'La separación de poderes es fundamental, tener la oportunidad de interpretar una situación sin obedecer las órdenes de otros poderes garantiza mayor participación de la población en las decisiones; no implica que siempre se dará la respuesta objetiva a una situación pero al menos queda la esperanza de que en la mayoría de las situaciones se actúa independientemente.'

Limitar al Gobierno

Para preservar los principios humanos, como la libertad, debemos controlar al gobierno. Los ciudadanos deben vigilar que las acciones gubernamentales no afecten el funcionamiento de la sociedad o perjudiquen la libertad individual. Son muchas las áreas afectadas por la ineficiencia gubernamental, la economía, la moral, el desarrollo de los ciudadanos, etc. 'Los gobiernos deben tener límites, impuestos por la opinión de la ciudadanía, de tal manera que no se transformen en los amos de la hacienda, haciendo desastres a diestra y siniestra.'

La Democracia

La democracia es una forma de gobierno popular que permite la participación ciudadana en la toma de decisiones. La democracia tiene un defecto intrínseco pues permite la participación de todos los ciudadanos independientemente de su nivel de conocimiento sobre el tema en discusión; las personas pueden opinar libremente y pronunciarse a favor o en contra de determinadas políticas sin demostrar que entienden lo que opinan. Esta afirmación que parece aristocrática, o sea, solo aquellos con conocimiento participan, no es tal, la intención es que aquellos que no saben sobre un tema de importancia participen en la discusión del tema y logren comprenderlo mejor, antes de opinar. La participación del ciudadano debe estar basada en el conocimiento y no en la cantidad de personas opinando, tal como hoy en día, en que la mayoría, aunque pueda ser ignorante, decide el camino de la sociedad. Claro, estos requisitos de participación hacen que los tiempos de decisión se alarguen y los autoritarios introduzcan su mano peluda para hacer las cosas más rápido y a su manera y no como debe ser hecha, con sabiduría.

La democracia liberal es un sistema que, además de la participación ciudadana, tiene un sistema de contrapesos para evitar que los gobiernos actúen a espaldas de la población; hay leyes que regulan el ejercicio del poder y evitan que se viole la constitución. Es común suponer que por haber alcanzado el poder se tiene derecho a hacer y deshacer a diestra y siniestra, empeorando las condiciones de los ciudadanos. En muchos países se utilizó la democracia para erosionar las instituciones y alterar la necesidad de controlar al ejecutivo y se permitió la violación de las leyes, apoderandose de los tribunales supremos de justicia. Ejemplos perversos son los de Rusia, Venezuela e Irán, que han manipulado las elecciones, controlado los medios de comunicación, y perseguido y penalizado a la oposición. [Fukuyama 2011]

En una verdadera democracia se respeta a la mayoría y a la minoría, no es posible sustentar honestamente una situación en que la mayoría impone impunemente su voluntad a la minoría; hay que aprender a respetar a todos y hacer los ajustes necesarios para permitir la diversidad de pensamiento y evitar la injusticia y el conflicto. Eso significa que hay que establecer mandatos constitucionales para defender los derechos individuales de todos, aunque éstos sean inconvenientes para la élite al mando. Hoy en día, la mitad de las naciones están gobernadas por gobiernos democráticos y la otra mitad por gobiernos autoritarios. Considerando que la mayoría de la población mundial tiene un estándar de vida por debajo del promedio: la gente tiene dificultad para sobrevivir, no tienen trabajo a tiempo completo, el desempleo de los jóvenes es muy alto, los salarios son bajos, los servicios públicos, luz, agua, teléfono, internet no funcionan todo el tiempo, la educación no está al alcance de todos. La constitución debe ser escrita para proteger los derechos de todos pero siempre hay malhechores que se apropian del poder para hacer sus triquiñuelas; ahí está el ejemplo de Hitler que dijo que "una vez que tengamos el poder constitucional, moldeamos el estado a la forma que consideremos beneficiosa para nuestros fines." El clima actual de injusticia social nos recuerda lo que hace 100 años fue el nacimiento del fascismo en Italia y Alemania. [Albright 2018]

Los sistemas democráticos representan un cultivo extraordinario de ideas que luchan por volverse realidad. Las políticas que triunfan son aquellas que ofrecen mayores beneficios a la población, por eso los políticos tratan de complacer a la mayor cantidad de votantes para ser electos; además de complacer a la coalición que los apoya, las políticas deben satisfacer las necesidades de todos, es mejor tratar de hacer más (en lugar de menos) aunque haya consecuencias negativas a largo plazo (cuando el líder ya desapareció del panorama). En democracia, es conveniente agrupar una gran coalición de partidarios en vista de que se convierten en los principales reguladores de las equivocaciones del ejecutivo, promoviendo así mayores beneficios para la población. [Bueno 2011]

Democracia versus Autoritarismo

La democracia está totalmente opuesta al autoritarismo, la democracia integra ciudadanos, el autoritarismo es sectario, favoreciendo a los leales. No es necesario recurrir a las bondades humanas para demostrar que una democracia es preferible a un sistema autoritario. La educación es de mayor calidad y al alcance de todos en un sistema democrático, cuando la coalición es mayor; y elemental en uno autoritario, cuando la coalición es menor. La salud está al alcance de todos en democracia, los niños y los ancianos tienen acceso; en autoritarismo solo se beneficia a los partidarios leales al régimen. Los servicios públicos, agua, luz, electricidad solo están disponibles para los leales al régimen autoritario, mientras que en democracia, por ser una gran coalición, toda la población se beneficia. Y algo muy importante, la libertad de expresión es mucho mayor en una democracia con una gran coalición, y muy escasa en un sistema autoritario con una coalición menor. [Bueno 2011]

Las democracias tienen una gran ventaja sobre los sistemas socialcomunistas totalitarios por cuanto el pueblo puede votar en contra de los gobiernos que no están dando resultados satisfactorios; en socialismo y comunismo, es imposible cambiar de régimen, están hechos para perpetuarse en el poder. Las democracias promueven mayor tolerancia, elecciones libres, control gubernamental por instituciones independientes, respeto por los derechos humanos, y un nivel de calidad de vida superior. Los sistemas comunistas y socialistas han venido cambiando sus políticas económicas para tratar de mejorar la vida de la población pero la brecha ideológica es muy fuerte y si fallan en el intento, perderán el débil apoyo que poseen y se verán obligados a transformar sus ideales, acercándose a las bondades de la democracia. [Brown 2009]

La Necesidad de Regular

Una sociedad modelo requiere de regulaciones, si no las tiene, los flojos y tramposos acaban con el sistema económico ya que la gente no quiere sentirse perdedora y hace cualquier cosa para lucir triunfadora. Que todo el mundo contribuya al bien de la sociedad, que todo el mundo se beneficie, y que todos seamos felices se convierte en una utopía si no hay regulaciones. Los bienes públicos, a los cuales todos contribuimos con los impuestos, pero que no necesariamente todos nos beneficiamos, no suelen ser conservados en buen estado por los usufructuarios ya que no hay un dueño que se encargue de estar pendiente de la calidad del servicio y tome las medidas para mejorarlo cuando empieza a fallar. Cuando la gente deja de pagar sus impuestos, contribuye a que haya menos dinero para conservar las cosas, y por lo tanto el servicio continúa desmejorando por falta de recursos. Las investigaciones sobre la naturaleza humana demuestran que la gente no es muy inteligente cuando se trata de contribuir al bien público, por lo tanto, los individuos deben reforzar sus emociones compasivas para colaborar con los demás; siempre y cuando no se haga por la fuerza, la gente contribuye. [McRaney 2011]

El Partido

En las democracias, los ciudadanos compiten por los cargos políticos, respetan las instituciones y las decisiones de la justicia, toleran la disidencia, y respetan los derechos humanos. Una institución importante de la sociedad es el partido político, una agrupación de ciudadanos que buscan poner en práctica unos ideales que contribuyan a la supervivencia y convivencia de la población. La ventaja de un partido político es que los candidatos reciben la ayuda de los miembros para realizar proselitismo político y buscar el apoyo de los votantes, es casi imposible ganar una elección si no se participa en un partido político. Un partido es como la marca de un producto, los candidatos quizás no son conocidos pero la marca sí, y muchos votantes votan por la marca. [Steele 2017]

La desventaja de un partido es que los candidatos pierden independencia, tienen que seguir lineamientos del partido, ya no son individuos, pertenecen a un equipo, y deben responder. La cultura partidista se apropia de la voluntad del candidato y éste tiene poco margen de maniobra. Cuando los miembros del partido no están de acuerdo con los demás colegas, deben resolver sus disputas internamente, sin que se enteren los ciudadanos que votan. Muchos políticos son elegidos gracias a el partido y su líder, no precisamente gracias a sus méritos. Los políticos deben comprender que los problemas que se presentan en sociedad son complicados, que tienen muchas facetas que hay que tomar en cuenta, que no hay soluciones fáciles, pero en la práctica las soluciones son simplistas pues el objetivo es solo complacer a los partidarios. [Steele 2017]

El lenguaje de los políticos demuestra la violencia de la política, siempre hay que atacar a los demás partidos. La lucha de los partidos tiene naturaleza tribal, se usan metáforas guerreras, lucha, batalla, campaña; cuando se cree en esas metáforas, los opositores se consideran enemigos a los que hay que eliminar. Los políticos manipulan las emociones humanas poniendo a unos en contra de otros y aprovechándose del temor humano. En Venezuela, Chavez y Maduro se encargaron de intimidar a la población para mantenerse en el poder, nunca demostraron la disposición de mejorar la vida de los ciudadanos, el objetivo era dividir para vencer.

La gente suele pensar que los líderes políticos hacen lo que se debe – lo que es mejor para la nación – pero la realidad es que los políticos no hacen lo correcto sino lo que es conveniente para sobrevivir en el poder. En política, se colocan las necesidades de los partidarios por delante de las de la gente, el soporte de la coalición que comanda es fundamental para mantener el poder, por lo tanto el énfasis es beneficiar a la coalición. Sin embargo, mantener contenta a la coalición tiene sus riesgos en vista de que si son pocos en el grupo, puede haber deserción y generación de competencia por el mando, poniendo en peligro la hegemonía del lider. Los sistemas totalitarios son los que suelen tomar medidas de purga para eliminar los peligros de desercion interna. [Bueno 2011]

Para mejorar el mundo hace falta entender la realidad de cómo funciona y por qué, concentrarse solo en cómo debería funcionar el mundo, las expectativas, es insuficiente. Los conocimientos sobre la naturaleza humana y el comportamiento individual en sociedad son fundamentales para establecer los lineamientos a seguir. En vista de que los políticos son los encargados de liderar las grandes campañas que requiere la sociedad nos forza a comprender mejor a los políticos para enfocarlos hacia el bienestar de los ciudadanos en general y no en beneficio de un grupo específico de partidarios y colaboradores.

<u>Conocimiento</u>

El conocimiento en política es fundamental para comprender las situaciones de la vida, profundizando en los temas, tomando en cuenta diversos factores, y sacando las mejores conclusiones. El conocimiento requiere convencer, se debe demostrar la veracidad de los resultados esperados; no es suficiente con decir que sabemos, hay que demostrar con hechos que lo que sabemos es verdaderamente útil. El conocimiento está allí para que lo busquemos pero hay que hacer un esfuerzo para aprender, no todo el mundo está dispuesto ha dedicarse a aprender, y el aprendizaje dura toda la vida.

La búsqueda de conocimiento ha sido abandonada, las nuevas generaciones son las que salen perjudicadas, éstas no se dan cuenta de la importancia de profundizar en los conceptos y viven una vida superficial que no aporta beneficios individuales o sociales. Son muchas las personas que viven una vida superficial, pero lo peor es que mucha gente preparada cree que las soluciones a los problemas deben ser las más simples, asimilandose con la ignorancia general de la población, para qué estudiar en profundidad la solución problemas si el intelecto social es pobre y no entenderá. 'El conocimiento es el único camino que nos llevará a una verdad que contribuya a una mejor vida en sociedad.'

El Conocimiento Primero

El conocimiento puede ser formal e informal, lo importante es dedicarse a aprender, profundizar en los detalles y no dejarse enceguecer por el bosque sin internarse en sus entrañas. Las mejores decisiones se toman al profundizar sobre los temas en consideración. Existen improvisadores de oficio en muchas profesiones, los vendedores, los políticos, los comerciantes, son solo algunos ejemplos. Inclusive las profesiones fundamentales como la medicina dependen en grado sumo las personas que las ejercen, algunos profundizan en los diagnósticos, otros no. 'No se debe aceptar la superficialidad de muchos de los responsables de las decisiones importantes que se toman en la sociedad hay que penalizar a los superficiales de oficio y retirarlos de la escena social.'

El conocimiento necesita comprensión, entendimiento y esfuerzo para buscarlo, asimilarlo y aplicarlo. Hay muchos ejemplos simples que demuestran que hay personas proclives al conocimiento y otras que no tienen ningún interés en aprender. Deben entenderse todos los factores que influyen en la comprensión de los principios, si somos superficiales no entenderemos nada; por qué un sistema sociopolítico sugiere una determinada estratégia en lugar de otra y cuál es el éxito estimado de las políticas que establecen. El socialismo y comunismo han demostrado en la práctica una falta total de aplicación real y satisfactoria, es bien sabido que la ignorancia es el caldo de cultivo para la existencia de esos regímenes.

La creencia en el conocimiento no es un fenómeno generalizado, hay unos que no desean aprender, hay otros que aprenden formalmente en las escuelas y dicen que cuando se gradúen no volverán a leer ningún otro libro. Solo una minoría considera que el conocimiento es para toda la vida y que es saludable dedicarse a aprender y aportar conocimiento. Mucha gente es sumamente cómoda y no quiere hacer el esfuerzo que requiere aprender; pueden desear el conocimiento pero que sean otros los que hagan el esfuerzo. Recuerdo hace muchos años que un profesor me sugirió, por qué no fundar una institución para el aprendizaje y así te ganas mejor la vida, yo le contesté que no, que muchos estudiantes lo que quieren es pasar las materias y graduarse para tener un diploma pero no quieren aprender y hacer el esfuerzo necesario; no me parece honrado dar clases solo para dar diplomas y que los estudiantes no quieran esforzarse. El conocimiento es una necesidad en vista de que aporta beneficios a todas las actividades que realizamos. Si todos aprendiéramos en las áreas que nos motivan, podríamos aportar mejoras en muchas actividades individuales y grupales que requieren del esfuerzo personal de cada uno.

Ser Curioso

La curiosidad es una habilidad muy importante, describe a la gente que tiene iniciativa para encontrar respuestas, explorar, proponer y aprender. La curiosidad requiere de observación y atención a los detalles, los conceptos y los hechos. Para resolver muchos de los problemas personales o sociales hace falta prestar atención a los detalles. 'La curiosidad significa profundizar en el conocimiento y no ser superficial, buscar respuestas simples a preguntas complicadas indica banalidad conceptual.'

Recuerdo un trabajador encargado del mantenimiento de unos ductos de goma que transportaban unos líquidos, el supervisor le había pedido revisar todas las conexiones cada tres meses. El trabajo consistía en desconectar la conexión, cortar un trozo de goma en la punta del tubo y volver a conectarlo. El trabajador empezó a decidir que no hacía falta cortar el trozo del tubo ya que lucía en buenas condiciones y volvía a conectar de nuevo el tubo sin contar la punta. El caso es que cuando el supervisor se dio cuenta, le envió una amonestación al trabajador por no seguir las instrucciones. El trabajador no era lo suficientemente curioso como para darse cuenta de que la goma se deforma en la punta del tubo y debe cortarse el pequeño trozo antes de conectarlo para prevenir fallas. El supervisor seguía unos criterios donde la curiosidad había determinado que era mejor cortar el trozo de tubo cada tres meses y evitar problemas durante las horas regulares de trabajo, tales como paralizar la producción.

Dedicarse a Aprender

Las personas deben esforzarse con el aprendizaje debido a que la información, los hechos, y las habilidades se adquieren a través de la educación y la experiencia. El conocimiento implica la comprensión teórica y práctica de los temas de importancia para la vida. El aprendizaje es un proceso constante, dura toda la vida, nos permite incorporar conocimientos y habilidades que nos ayudan a mejorar nuestra vida, realizar un trabajo, identificar nuestras pasiones y alcanzar los logros que deseamos. Muchas personas que siguen una educación formal piensan que una vez que se gradúan ya no tocarán un libro, no entienden lo que es la vida; una vida satisfactoria requiere del conocimiento constante, el estudio formal es solo la preparación para seguir estudiando toda la vida. 'Aprender dura toda la vida, las cosas cambian y debemos superar lo que ya no funciona.'

No sea Ignorante

El conocimiento es muy importante debido a que la ignorancia no es buena consejera. Nadie nace aprendido, las personas tienen instintos pero deben respaldarlos a través del conocimiento. La ignorancia indica la falta de conocimiento, educación y comprensión de los problemas. Prefiere el conocimiento y evita la ignorancia. El conocimiento significa esfuerzo, la ignorancia significa flojera. Lo peor de los ignorantes es que creen que saben; tienen problemas de personalidad y creen que con el carisma convencen a la gente. Aunque todo no se puede aprender en la vida, si podemos adquirir una cultura general que nos ayude a interpretar las situaciones de la vida y podamos dedicarnos con profundidad a aquellas que nos llenan de satisfacción. Hay que aprender a identificar a los ignorantes, muchos de ellos creen que se la saben todas y a veces convencen a otros ignorantes. 'No sea ignorante, al menos haga el esfuerzo por salir de la ignorancia, para ello debe buscar conocimiento independiente y ser capaz de hacer su propia interpretación.'

Aprenda de sus Errores

Cometer errores es normal durante la evolución de los individuos, entender lo que se hizo mal contribuye a no repetir los mismos errores. Primero que todo se debe reconocer que se cometió un error para luego aprender de éste. Los peores casos son de aquellos que creen que nunca cometen errores, que son los otros los que están siempre equivocados. La gente que no aprende de sus errores no evoluciona en la vida, siguen aceptando la situación sin corregir las fallas cometidas. Aprender de los errores es una demostración de la capacidad natural de aprender, ejerza con sabiduría y obtendrá frutos duraderos para continuar una vida satisfactoria. 'Los errores deberían cometerse una sola vez, no hay necesidad de repetir constantemente los procesos incorrectos.'

Aprenda por Experiencia

El aprendizaje a través de la experiencia implica realizar actividades prácticas, usualmente combinadas con la teoría, para reforzar y avanzar en los conocimientos. La práctica es muy importante pues pone en tela de juicio el razonamiento utilizado para llegar a la concreción de un objetivo; si el resultado es negativo, hay que revisar el motivo que nos llevó al fracaso o al resultado erróneo; si el resultado es positivo, confirmamos que el razonamiento fue satisfactorio y que podemos seguir usando los mismos criterios en el futuro. La experiencia aporta nuevos umbrales de investigación ya que aparecen nuevos retos que tienen que ser enfrentados. La práctica siempre tiene una teoría que la soporta, aunque los que la practiquen no lo entiendan. 'Combine la teoría con la práctica para avanzar sólidamente en la ejecución de los procesos de interés en la vida, sean éstos técnicos o sociales.'

Aspectos más resaltantes del Capítulo 1: La Política

- La política es una ciencia empírica, 'se observa el mundo,' se desarrolla una teoría para racionalizar las observaciones, 'se prueba la teoría' y si las observaciones no concuerdan con la teoría, entonces la teoría falla y hay que reinventarse
- Las instituciones son estructuras organizadas para suministrar servicios a la población, son importantes para canalizar el funcionamiento de la sociedad, se necesita evaluarlas y mejorarlas o sustituirlas para mantener una buena eficiencia
- Las aspiraciones son los deseos que tienen los seres humanos para construir una mejor sociedad; solo deseos no producen mejoras, hace falta una estructura organizacional que permita poner en práctica las ideas
- Los gobiernos son estructuras compuestas por personas y organismos que dirigen una división político-administrativa, la principal de las cuales representa al estado
- La democracia es una forma de gobierno popular que permite la participación ciudadana en la toma de decisiones
- La democracia esta totalmente opuesta al autoritarismo, la democracia integra ciudadanos, el autoritarismo es sectario, favoreciendo a los leales
- Una sociedad modelo requiere de regulaciones, si no las tiene, los flojos y tramposos acaban con el sistema económico ya que la gente no quiere sentirse perdedora y hace cualquier cosa para lucir triunfadora
- Un partido político es una agrupación de ciudadanos que buscan poner en práctica unos ideales que contribuyan a la supervivencia y convivencia de la población

- El conocimiento requiere convencer, se debe demostrar la veracidad de los resultados esperados; no es suficiente con decir que sabemos, hay que demostrar con hechos que lo que sabemos es verdaderamente útil
- El conocimiento necesita comprensión, entendimiento y esfuerzo para buscarlo, asimilarlo y aplicarlo. Hay personas proclives al conocimiento y otras que no tienen ningún interés en aprender
- Solo una minoría considera que el conocimiento es para toda la vida y que es saludable dedicarse a aprender y aportar conocimiento
- La curiosidad es una habilidad muy importante, describe a la gente que tiene iniciativa para encontrar respuestas, explorar, proponer y aprender
- Las personas deben esforzarse con el aprendizaje debido a que la información, los hechos, y las habilidades se adquieren a través de la educación y la experiencia
- La ignorancia indica la falta de conocimiento, educación y comprensión de los problemas. Prefiere el conocimiento y evita la ignorancia
- Cometer errores es normal durante la evolución de los individuos, entender lo que se hizo mal contribuye a no repetir los mismos errores
- La práctica es muy importante pues pone en tela de juicio el razonamiento utilizado para llegar a la concreción de un objetivo; si no se logró hay que cambiar la estrategia

Capítulo 2: Los Políticos

Cuando preguntamos a la gente qué piensan sobre los políticos, las primeras ideas que vienen a la mente son: deshonesto, corrupto, inmoral, tracalero. Algunos sinónimos más decentes que mentiroso y ladrón serían, honesto, bien intencionado, buena gente, trabajador, y se aplica solamente a aquellos que conservan una actitud cónsona con el deber ser. Un político suele dedicarse a la política como profesión, interviniendo o aspirando a dirigir el gobierno de un estado, comunidad o municipio. La gente puede admirar a un determinado político pero no aprecia la clase política; generalizando, los políticos no son confiables. ¿Qué significa pensar como un político? Los políticos aprenden ciertos hábitos relacionados al pensamiento, el comportamiento y la expresión para servir a sus fines políticos. Los hábitos políticos se rigen por la reglas del juego político: [Steele 2017]

Lo más importante es ser elegido y reelegido

Hay que considerar las creencias de los votantes, no los hechos

Aplicar los criterios más simples posibles

Guardar el mayor secreto posible

Luchar por tener influencia y estatus

Ser fiel al partido y al líder

Siempre atacar a los demás partidos

Acreditarse los triunfos y no aceptar culpas

Focalizarse en los que lo eligen

Negar que éstas son las reglas

El pensamiento de los políticos no es sobre la creación de un buen gobierno, es básicamente el de mantenerse en el poder. Tener un buen gobierno es difícil, la ciencia es difícil, las matemáticas son difíciles, la economía es difícil. Los políticos prefieren respuestas simples en lugar de solucionar los problemas de fondo, ya que la rapidez y precisión los hace populares. Por eso prefieren anécdotas en lugar de estadísticas, se convierten en echadores de cuentos en vista de que visitan a los partidarios puerta a puerta y recogen centenares de anécdotas para usarlas en sus discursos. [Steele 2017]

Llegar al Poder y Mantenerlo

El profesor Bueno de Mezquita ha propuesto una serie de reglas para alcanzar el poder y conservarlo. Básicamente, es un reconocimiento de la naturaleza humana, somos ambiciosos, queremos ser importantes, que nos hagan caso, nos admiren y nos respeten. Una forma de lograrlo es a través del poder, aquellos que llegan al poder se sienten triunfantes, consideran que han hecho algo en la vida, son capaces de mover multitudes, se vuelven arrogantes y creidos, el ego los envilece, solo piensan en la gloria y enriquecerse, pero se olvidan del motivo principal de su trabajo, ser servidores públicos. [Bueno 2011]

1. Los políticos trabajan para llegar al poder y conservarlo, no precisamente para hacer el bien a la población.

2. Para sobrevivir políticamente es necesario organizar una pequeña élite de camaradas, la coalición, que colaboran para llegar al poder y retenerlo.

3. La élite recluta una buena cantidad de partidarios que están dispuestos a ayudar a la causa y que se prestan a manipular las instituciones con el fin de decidir hacia donde se canalizan los fondos públicos y establecer los impuestos a aplicar. Manejando los tesoros públicos a discreción se mantienen mayor tiempo en el poder.

4. Una disponibilidad amplia de partidarios permite manejarlos a su antojo, entregando dádivas a los que son leales y eliminando a aquellos que pueden poner en peligro el hilo del poder.

5. El líder sabe de dónde provienen los dineros públicos y los reparte con cautela para mantener la lealtad, el resto de la población debe contentarse con lo mínimo para subsistir.

6. No hay que quitarle beneficios a los partidarios para mejorar al pueblo ya que algunos se le pueden voltear y querer tomar el poder.

7. Con una élite pequeña administran los impuestos para el financiamiento y enriquecimiento personal. No someten al escrutinio público las decisiones de inversión y a quiénes les asignan los proyectos.

<u>Los Políticos y la Filosofía</u>

Reflexionar sobre los problemas de los políticos y las dificultades de los gobiernos requiere de mucha comprensión filosófica, las decisiones políticas afectan a todos. Desde el punto de vista de la población, debemos entender mejor los problemas, cuáles son las necesidades, dificultades, y ambiciones. A nivel social se requieren cambios para integrar a todos en la sociedad, tomando en cuenta que la libertad debe mantenerse y profundizarse, la igualdad de oportunidad debe incrementarse y la fraternidad debe ser bien interpretada, sin entrar en enfoques totalitarios que obligan a todos a colaborar por la fuerza. En relación a los gobiernos, nos encontramos dirigidos por una élite que carece de la visión necesaria para implantar los cambios requeridos.

Los temas importantes en la política deben ser identificados, hay una tendencia a colocar a gerentes empresariales a cargo de los gobiernos, en lugar de estadistas, aquellos que tienen una visión completa de la problemática de vida en sociedad, y así, definir la ruta de la economía, las finanzas, la educación, la salud, y el gasto social. Lo que se requiere es de gerentes con formación filosófica, los que comprenden a los seres humanos y sus necesidades, con un conocimiento amplio de aspectos éticos y morales, de justicia, del significado de la vida, y del efecto de las ideologías, y así definir los rumbos de acción. De nada vale un administrador de empresas, un militar, o un tecnócrata sin conocimientos filosóficos sobre la vida, que solo está interesado en mantenerse en el poder para disfrutar personalmente de la buena vida.

Significado de la Vida

Para los políticos, la determinación del significado de la vida requiere de sabiduría, tomando en cuenta el pasado, el presente, el futuro de la sociedad, y las transformaciones producidas en todos esos períodos. Nadie nace con sabiduría, ésta se adquiere investigando y experimentando. La gente debe 'establecer un por qué vivir y aceptar así casi cualquier cómo,' como diría Nietzsche. Es más importante el por qué en vista de que nos permite definir una dirección, al menos temporalmente, y así darle un sentido a la vida mientras nos hacemos sabios; individualmente y en sociedad aclaramos el significado que le damos a la vida, las decisiones que tomemos nos permitirán lograrlo. Para los políticos, la búsqueda de significado es mucho más complicada que un simple proceso individual, las personas son diferentes y tienen ambiciones distintas, los políticos deben respetar la diversidad; el significado de la vida no es un simple proceso consciente de investigación, depende también de la intuición, o sea, que proviene de lo más profundo de las mentes, del inconsciente incomprendido.

Qué significado le damos a la vida, si es que tiene alguno. Es solo subsistir o podemos lograr trascender y dejar huella. Para sentirnos motivados es conveniente establecer un significado de la vida, algunos desean ayudar a los demás, otros se conforman con ayudarse a sí mismos, otros combinan esas alternativas. El por qué vivir le permite al individuo definir una trayectoria motivante y el cómo vivir depende del contexto; la sociedad tiene un impacto en las posibilidades individuales. La vida está determinada por nuestros instintos básicos de subsistencia y nos permite establecer actividades para lograr esa supervivencia; nacer, crecer, envejecer, y morir son las etapas que siguen normalmente los seres humanos, y requieren de un esfuerzo constante para facilitar nuestro sustento mientras estamos con vida.

Vivir y Dejar Vivir

Si interpretamos la vida como vive y deja vivir, equivale a decir que somos tolerantes ante las opiniones divergentes y aceptamos distintos puntos de vista. Vive y deja vivir denota una comprensión amplia de la humanidad que demuestra respeto hacia las decisiones personales y el conocimiento sobre la cantidad de alternativas válidas para hacer una vida satisfactoria; no todos consideran la economía como el principal motor de las decisiones de la vida, algunos prefieren el conocimiento como el gran motivador y otros consideran el placer como el mejor objetivo a perseguir. Además, la gente puede cambiar de opinión con el tiempo y decidir rutas de vida que no se compaginan con las que promueve la sociedad en que se desenvuelve.

Vivir Solo Para Tí

La filosofía de vida más común es vive para tí, trata de ganar tu sustento y mucho más, para tener ahorros, y si logras tener una vida desahogada, no te preocupes de hacer el bien a nadie, que se las arreglen. A estos filósofos del 'todo para mí' no les preocupa como viven los que los rodean, y se aprovechan de las necesidades ajenas explotandolos para que sean sus servidores. Cuando la sociedad se quiebra por el crimen, esos egoístas le hechan la culpa a los flojos, los desinteresados, los pobres, dando a entender que ellos hacen su parte y los demás no hacen la suya; buscan culpables para castigar a los que no comulgan con sus puntos de vista. Ellos no toman una posición compasiva hacia los que necesitan colaboración, los tratan con desprecio, los consideran inferiores.

Vivir Para Los Demás

Hay una minoría de personas que viven para los demás, aunque en realidad solo hacen ver, ya que en el fondo tienen un interés consciente o subconsciente de ayudar para recibir una contraprestación en el futuro. Conozco muchos casos de personas que ayudan a sus familiares para que en el futuro los ayuden a ellos; te doy comida hoy para que tú me la des mañana. Los gobiernos ayudan a la población financiando los alimentos y las medicinas y brindando servicios variados solo con el propósito de que los apoyen políticamente, bien sea en una manifestación de apoyo al régimen, o en una elección votando por el candidato gubernamental.

Para los seres humanos es difícil comprender lo que representa la vida, cuál es el objetivo de la vida, para qué estamos vivos, cómo debemos comportarnos, cuáles son nuestros deberes y derechos. Mucha gente no se hace esas preguntas, viven simplemente sin complicarse la existencia; por supuesto, esa es una estrategia válida, quizás ligada con el vive y deja vivir. Sin embargo, es conveniente analizar las preguntas anteriores, para qué vivimos, para aprender, trabajar, y disfrutar, o vivimos para aprovecharnos de los demás. Algunos quieren hacer lo menos posible, u ocupan posiciones de poder sin merecerlas, o molestan a los que los rodean solo porque no coinciden con ellos en las mismas ideas. 'Las personas deben hacer su propia definición de la vida tomando en cuenta la sociedad donde viven.'

Entender la Vida

La vida es compleja, es necesario entenderla y darle un significado. Los humanos tenemos limitaciones, vivimos solo un tiempo determinado, no podemos hacer todo lo que queramos, tenemos que adaptarnos a las condiciones existentes, y tenemos que resignarnos a contribuir metódicamente según nuestras posibilidades. El ser humano tiene el potencial de contribuir con una mejor vida en el planeta en vista de que es el único ser con la capacidad de razonar y entender lo que sucede a su alrededor; el resto de los animales no están en condiciones de contribuir de igual manera, no tienen las habilidades cognitivas suficientes. 'La vida tiene múltiples interpretaciones, tomemos la que mejor se adapta a nuestra idiosincrasia, aprovechemos las ventajas y naufraguemos las desventajas.'

La Vida es Esfuerzo

La gente no nació para estar sin hacer nada, debemos comenzar por lo principal que es la subsistencia, luego debemos darle un significado a la vida contribuyendo armoniosamente a entendernos con los demás; se requiere de un esfuerzo constante para mantenernos vivos e identificarnos con nuestros vecinos. Para que las cosas ocurran, el ser humano debe realizar un esfuerzo considerable, es difícil que hayan transformaciones si permanecemos impávidos. Mucha gente piensa que los gobiernos existen para solucionarles los problemas, lo que se conoce como el estado de asistencia social. El estado debe servir para crear las condiciones que le permitan a la gente subsistir, progresar y contribuir; el estado no es una organización de bienestar social. En Venezuela, los gobiernos socialdemócratas y socialcristianos crearon el estado de asistencia social y los chavistas lo exageraron para mantener a la población sumisa esperando por las dádivas, rogando por unas cajas CLAP y comiendo a precios subsidiados. 'Enséñame a pescar y cazar protegiendo la fauna y la flora y así podré nutrirme toda la vida sin necesidad de pedir limosna al gobierno.

La Vida y la Muerte

La vida y la muerte son conceptos complementarios, no se puede tener uno sin el otro. El ser humano nace y se desarrolla para finalmente morir, no hay alternativa; la realidad nos lo demuestra y la filosofía nos enseña a entenderlo. La vida representa el deseo de seguir existiendo, los humanos tenemos un instinto natural hacia la conservación de la vida. El instinto de supervivencia es muy fuerte en los humanos y es por eso que nos mantenemos luchando por subsistir. La muerte es irremediable, pero no sabemos comprenderla; quisiéramos vivir eternamente, inclusive los cristianos, que aspiran ir al cielo después de la muerte, prefieren seguir vivos el mayor tiempo posible. En general, la muerte puede considerarse como el descanso eterno en vista de que nuestros cuerpos dejan de funcionar por el desgaste y la paralización celular que atrofia los órganos vitales.

El gran problema de la vida en sociedad es que no se promueve el intercambio de conocimientos y las experiencias entre seres humanos; muchos temas se manejan reservadamente, por ejemplo, el sexo, la vida y la muerte. Los padres no conversan con los hijos sobre el sexo, se sienten desubicados, tienen vergüenza, no saben como explicarlo. La vida hay que vivirla, dicen, pero la muerte no se discute; tarde o temprano moriremos, entendamos la limitación de tiempo y colaboremos en lo que podamos para obtener satisfacción propia y eventualmente colaborar con el bienestar social.

Entender solo la vida

Los humanos tenemos más facilidad para entender la vida, todo lo que hacemos promueve estar sanos y fuertes para seguir luchando en vida. La muerte no nos concierne durante los períodos saludables, solo cuando alguien se muere o nos sentimos enfermos nos preocupamos de ella. Es positivo pensar solo en la vida pero es realista saber que algún día moriremos. Muchos líderes políticos y sociales se mantienen en el poder indefinidamente porque creen que vivirán para siempre y que ellos son indispensables para solucionar los problemas de la sociedad. Aunque es una visión incompleta de la realidad, creer que estaremos saludables eternamente es la visión más arraigada en los humanos.

Entender la vida y la muerte

Lo normal sería que la gente comprendiera que vivimos y morimos, por lo tanto tratemos de vivir una vida satisfactoria a sabiendas que en cualquier momento dejaremos de existir y habrán otros que nos reemplazarán. No se puede ser mezquino con los demás, dejemosle espacio a todos para ejercer sus pensamientos y libertad de acción, no seamos tan punitivos con los que no simpatizan con nuestro punto de vista, todos pasamos momentáneamente por esta vida, dejemos que todos se manifiesten en lo mejor que puedan contribuir.

Entender solo la muerte

Solo simpatizar con la muerte es imposible, aunque exista el nihilismo; no estaríamos vivos en esta alternativa, pero hay algunos que le desean la muerte a los demás, quieren que otros sufran. Los amantes de la muerte suelen ser asesinos comunes, criminales de guerra, terroristas, malos gobernantes que conspiran contra sus propios ciudadanos quedándose en el poder indefinidamente, así como los comerciantes inescrupulosos que viven a costa del sufrimiento de los demás.

En particular, sobre Venezuela, ¿Por qué se destruyó el tejido social? ¿Por qué una élite equivocada dominó la sociedad? ¿Por qué no hay líderes capaces de oponerse al descalabro? ¿Por qué un mal gobierno quiere mantenerse en el poder independientemente de su caótica administración? ¿Qué pueden hacer los ciudadanos lúcidos para influenciar a los tomadores de decisiones y mejorar la sociedad? Siempre se le achaca al pueblo la falta de acción, pero nos olvidamos de que 'Todos los Pueblos suelen ser sumisos, los que no deben serlo son los Líderes.'

Los políticos usan lemas llamativos para sus campañas, se concentran en que el medio es el mensaje, sin profundizar sobre el mensaje, creen que las palabras bonitas harán cambiar a la sociedad:

"Justicia, verdad, no a la impunidad,'

'Seamos realistas, hagamos lo imposible,'

'La razón hace la fuerza.'

Sin querer denigrar de la poesía, la cual puede ser un potente medio de transmisión de emociones, se concentra en la estética en lugar del contenido. Los políticos se comparan a los poetas expresando oraciones agradables que buscan rimar pero que carecen de profundidad, la realidad es muy compleja como para expresarla en metáforas. La poesía y la política solo apuntan a las emociones pero no garantizan soluciones, la superficialidad es mala consejera.

Políticos Superficiales

En Chile, Gabriel Boric ha propuesto una serie de aspiraciones y promesas de gobierno que demuestran la superficialidad común de los políticos. La mayor parte de esas promesas no pueden ser implantadas puesto que carecen de un plan de ejecución. Las instituciones que se encarguen de organizar y programar las etapas de ejecución deben ser definidas, indicando las capacidades de los responsables, el esfuerzo requerido, y los tiempos de ejecución. A continuación se listan las promesas o aspiraciones de Boric y entre paréntesis se comenta el por qué de su inviabilidad.

Estado Bienhechor

Las políticas de bienestar social tienen el riesgo de malacostumbrar a la gente aliviando sus presiones económicas y de la necesidad de trabajar, haciéndolos cada día más dependientes. Por lo tanto, intuitivamente se desprende que con más ayuda la gente trabaja menos. Como esas familias reciben beneficios por la cantidad de hijos que tienen, se pueden volver aún más pobres por no compensar con trabajo las ayudas que reciben. La ayuda se convierte en un círculo vicioso del que muy pocas familias pueden salir y volverse productivas. Una primera lista de promesas indica una inclinación al estado benefactor y la utilización del gasto público:

Bienestar Social: Avanzar hacia un Estado que distribuya el bienestar con una fuerte agenda social (Clara orientación al bienestar social, típica de la socialdemocracia, socialismo y comunismo)

Incrementar el gasto público hacia el bienestar social (Una orientación exagerada hacia el bienestar social no garantiza una mejor sociedad ya que mantiene una población dependiente de la dádiva gubernamental)

Expandir los derechos sociales con responsabilidad fiscal (Los derechos sociales no deben ser definidos por el estado, son las personas que se los ganan con su esfuerzo)

Combatir la falta de viviendas y servicios básicos (Esto no se combate, al contrario, se promociona la construcción de viviendas y se favorece el mérito de los que construyen y dan buenos servicios)

Intervenir el sistema económico para que los más necesitados se beneficien (Intervenir el sistema económico es contraproducente, la actividad económica se realiza libremente dentro de un marco regulatorio)

Combatir los privilegios de unos pocos y así mejorar la calidad de vida de los más necesitados (La identificación de 'unos pocos,' los malvados, que le hacen daño 'a los muchos,' es típica de la orientación autoritaria)

Favorecer a los Pobres

Los políticos de izquierda favorecen a un grupo de la población en perjuicio del resto. Los socialcomunistas hacen ver que favorecen a los pobres y necesitados, pero lo que hacen es penalizar injustamente a los que quieren vivir mejor. Es común en esos estados totalitarios fomentar el poder público en perjuicio del poder privado:

Regulación de los precios de los alquileres: El arriendo de viviendas o locales comerciales debe seguir un precio justo, regulando el precio máximo de alquiler de los apartamentos. (Es bien sabido que la regulación de precios no resuelve los problemas, además, debe analizarse la calidad de las viviendas. No es el máximo de renta que debe regularse sino construir viviendas que estén al alcance de los necesitados y cuesten menos)

Plan de emergencia habitacional: Establecer un plan de construcción de viviendas desde el sector público, cercano a las 100 mil por año, aumentando las ofertas de interés social. (La construcción de viviendas no tiene por qué provenir del sector público exclusivamente, la variedad y competencia del sector privado garantiza mayor generación de trabajo y evita la preferencia política en la asignación de las viviendas)

Instalación de la banca pública: Creación de un banco nacional de desarrollo que funcione con empresas estatales para dar crédito y promover la innovación. (Aquí se nota claramente la intención de ganar adeptos políticos al régimen entregando préstamos a los partidarios, en muchos casos no los pagarán, y que votarán por ellos en la elecciones)

Establecer la obligación de mantener la memoria histórica que permita expropiar: Promover y preservar la memoria de espacios de conciencia con leyes que permitan recuperar esos espacios de manera expedita; lugares de tortura/exterminio de las dictaduras y otros momentos infelices de la historia. (Siempre y cuando las expropiaciones sean justas, no hay ningún problema. Pero es bien sabido que no hay justicia en los regímenes socialcomunistas)

Mantener controlada la deuda del gobierno. (Los gobiernos siempre deben rendir cuentas y se deben controlar sus gastos, el control de todo gobierno es fundamental)

Cambiar el sistema de pensiones privado por uno público. (Insistencia en hacer del estado un administrador de todos los recursos. Los sistemas públicos no garantizan honestidad, por lo tanto hace falta controles)

La Mujer

La mujer, al igual que el hombre, debe integrarse a la sociedad en diversas áreas, productivas y no productivas. Las comunidades indígenas también merecen oportunidades.Todo el esfuerzo que se haga para darle oportunidad a los que tengan méritos es bienvenida. Sin embargo, proponiendo equidad para una parte de la población se utiliza solo para obtener votos y no para verdaderamente solucionar la integración de esos grupos a la sociedad de forma armoniosa:

La participación de la mujer en el gobierno y la sociedad. (La participación de la mujer se define como en todos los casos, 'el que tiene los méritos tiene que tener oportunidades de demostrarlo.')

Respaldar las demandas feministas: Impulsar leyes para mejorar la educación sexual a todos los niveles educativos. (Las demandas feministas deben estar justificadas por los méritos, no es un simple mitad y mitad entre hombres y mujeres. La educación sexual es una necesidad evidente)

Respaldar la diversidad sexual: Reconocer la diversidad sexual, cuestionar los estereotipos de género y enseñar los derechos sexuales y reproductivos (La diversidad sexual es natural en los seres humanos, es una lástima que solo sea en el siglo XXI que descubramos que existe)

Respaldar las comunidades indígenas: Debe reivindicarse el indigenismo en la región proponiendo una educación intercultural para reconocer la pluralidad de las culturas antiguas en toda la formación educativa y cultural; fortalecer el conocimiento de las lenguas originarias. (La cultura indígena es una tradición ancestral que merece consideración. También las nuevas tradiciones que quiera establecer el resto de la sociedad deben tomarse en cuenta)

Pueblos Originarios: Considerar las necesidades de los pueblos originarios (Por supuesto, lo primero que tienen que hacer es concentrarse en sus fortalezas para que con autonomía puedan progresar, no son los gobiernos los que invierten en esas necesidades pero tienen que establecer ls condiciones óptimas para que puedan progresar autónomamente)

Impuestos

Los impuestos son usados para penalizar a los que tienen y favorecer la corrupción gubernamental, y no para financiar los proyectos de obras públicas que requiere la nación, como transporte, comunicaciones, salud y educación, entre otros:

Implantar la reforma tributaria: Se aplicarán impuestos directos a los altos salarios, al patrimonio y a las sucesiones. (La aplicación de nuevos impuestos debe justificarse de acuerdo con cada caso particular; además, debe definirse en que se invertirán, cuáles son los proyectos de infraestructura y servicios que se mejorarán)

Establecer un impuesto a la riqueza o patrimonio de las personas: Pagarán las personas de alto patrimonio residenciadas en el país; las herencias y donaciones se acercarán a los valores de mercado, evitando la evasión, obligando a entregar todos los documentos a contribuyentes y a notarios, bancos e instituciones financieras. (Analizar cada caso particular y cobrar impuestos explicando en qué los van a gastar)

Aumentar los impuestos a los más ricos y a las grandes compañías: Esos impuestos se usarán para satisfacer las demandas sociales justas de los ciudadanos. (Las demandas de los ciudadanos se garantizan con su esfuerzo. Solo bienestar social no resuelve los problemas de vida de los ciudadanos)

Seguridad

La seguridad personal, judicial y de propiedad debe ser una constante para cualquier gobierno:

Reforma de los cuerpos policiales: Crear una nueva policía nacional subordinada al poder cívil y regular el uso de la fuerza por parte de los agentes policiales. (Crear una nueva policía nacional no garantiza ninguna mejora, regular el uso de la fuerza es una actitud muy loable)

Luchar contra la Inseguridad: Redoblar esfuerzos contra la inseguridad para hacer de los barrios lugares más seguros (Claro que sí, la delincuencia debe ser penalizada, en los barrios y en las urbanizaciones de pudientes también)

Respeto a los derechos humanos; buscar la verdad y la justicia; que no se repitan las injusticias; y que no haya impunidad (Me parece muy bien pero falta precisión y compromiso)

Transformar el sistema policial para que se respeten los derechos humanos (Excelente aspiración pero se tiene que controlar su ejecución)

Luchar contra el narcotráfico, la delincuencia y el crimen organizado (El deber de todo gobierno es hacer cumplir las leyes)

Medio Ambiente

El medio ambiente nos afecta a todos, los políticos no son los únicos que mágicamente descubren la importancia del medio ambiente y quieren usarlo como formato proselitista para ganar adeptos:

Intervenir en los efectos contaminantes con medidas para evitar el cambio climático que genera efectos directos sobre la vida humana y las futuras generaciones (Intervenir con qué medidas? Qué significa eso, hay que tener más profundidad en los planteamientos)

Proteger el medio ambiente aplicando impuestos verdes: la reforma fiscal verde incluye aumentar gradualmente el impuesto al CO_2 emitido por las fábricas e industrias, identificando todas las fuentes de emisiones tóxicas. (Los gobiernos quieren aplicar impuestos en lugar de diversificar o buscar nuevas formas de producción menos contaminantes)

Aplicar impuestos a las empresas contaminantes: Se incrementa el impuesto a los combustibles, aplicando un impuesto óptimo que tome en cuenta los efectos negativos a la pureza del aire y otros efectos ambientales. Se penaliza a los medios de transporte tradicionales que utilizan combustibles fósiles eliminando exenciones para industrias y transportes contaminantes; se prevee aumentar el impuesto a la compra de automóviles nuevos. (Esta propuesta sigue orientada a incrementar los impuestos en lugar de buscar soluciones con nuevas tecnologías, por ejemplo. Por qué debe pagar más impuesto un auto nuevo, hay más seguridad en la caretera)

Regionalización

Las políticas para administrar las regiones y la transferencia de ciertas competencias a esas regiones es una estrategia común en las naciones avanzadas, por lo tanto genera una orientación descentralizada de la justicia que mejora la vida de los ciudadanos:

Descentralización territorial y plurinacional: Transferir las competencias a los gobiernos regionales; reconocer la pluralidad de naciones y abogar por un estado plurinacional. (Esta es una visión federal de país que si se hace bien da buenos resultados)

Atender las regiones más necesitadas (Otra política que se alimenta de la visión estatista para distribuir injustamente los recursos producidos en otras regiones; las regiones necesitadas deben aceptar su situación y con su propio esfuerzo alcanzar los niveles de vida que se merecen)

Igualdad

El principio de igualdad ha sido explotado injustamente por los políticos de izquierda que desean convertirnos a todos en especímenes creados en una fábrica marxista que produce ciudadanos.

Atacar la pobreza persistente y la desigualdad (Aspiraciones muy genéricas que no aclaran nada sobre lo que hay que hacer)

Eliminar la desigualdad que mantiene el sistema neoliberal (Ataque injustificado al sistema liberal, uno de los pocos que garantiza la libertad de los seres humanos. La búsqueda de la igualdad solo tiene sentido cuando se busca justicia y oportunidades)

Educación y Salud

El problema educacional requiere de estrategias cónsonas con el conjunto de regiones, las políticas educativas deben estar orientadas a combinar las particularidades de cada región y la integración con todas las demás regiones:

Recuperar el espacio público: invirtiendo en cultura y educación (Quién invierte en esas actividades, el estado omnipotente? Cada región debe inventarse a sí misma e impulsar políticas para mejorar su situación cultural y educativa, sin necesidad de utilizar los recursos nacionales)

Cambiar el sistema educativo: Renovación del curriculum y promover una educación no sexista; el diseño debe avanzar hacia un modelo más flexible y sensible a la diversidad territorial y cultural del país, enfocando las condiciones de género, el multiculturalismo y la educación ambiental. Proponer un sistema de acompañamiento a los estudiantes que no dependan de pruebas estandarizadas, así los alumnos aprobarán sin necesidad de pasar por pruebas martirizantes. (Un curriculum adaptado a cada región, con los intereses particulares que patrocinan, es preferible a un curriculum nacional. La educación no sexista debe ser la consigna. Orientación a las regiones también es positivo. El acompañamiento a los estudiantes luce patriarcal o matriarcal, los estudiantes deben prepararse para participar en un mundo difícil que requiere de imaginación y trabajo, no de facilismo y flojera; los estudiantes deberían contribuir, durante sus estudios, a identificar los grandes temas que afectan a la sociedad y generar propuestas de avanzada; solo estar sentado en un pupitre esperando que los profesores les den las cosas masticadas no produce ciudadanos con empuje para contribuir en el futuro)

Fortalecer la educación pública: (La educación pública no es superior a la privada, por lo tanto no tiene porque fortalecerse por encima de la privada. Hay que fortalecer la educación, independientemente de si es privada o pública, los países deben aceptar las mejoras independientemente de donde provengan. Si se considera solo el precio de la matrícula como la variante que justifica la educación pública, entonces favorezcan la creación de escuelas privadas de bajo costo pero de calidad educativa)

Mejorar el sistema de salud: ir hacia un sistema público (Misma idea del gobierno interventor, una salud pública no garantiza buen servicio por lo tanto debe favorecerse la salud en todo ámbito, no solo en el público)

La Constitución

La Constitución se transforma en el objetivo principal de los gobiernos con tendencias autoritarias, ya sabemos de sobra que esos sistemas no funcionan, todos los experimentos socialcomunistas han desembocado en el desastre:

Cambiar la Constitución: Los cambios propuestos indican claramente la tendencia al Estado Interventor (Los gobiernos totalitarios quieren reescribir la constitución para esconder su autoritarismo bajo las páginas del texto. La propuesta de nueva constitución fue rechazada en 2022 pero sin duda el gobierno intentará de nuevo satisfacer sus instintos totalitarios)

Ejercer la presidencia de la república para todos los ciudadanos, independientemente de sus ideas (Esta es la práctica normal en todo país, la discriminación no debe ser aceptada)

Respetar las tradiciones (Toda tradición positiva debe ser reconocida e impulsada, pero aquellas que son retardatarias, que no coinciden con los valores libertarios y humanos, deben ser eliminadas)

Garantizar los derechos de los trabajadores para construir un país con trabajos dignos y mejores salarios (Está muy bien esa aspiración pero hay que aclarar que los trabajos dignos y con buenos salarios no se crean mágicamente, hay factores e intereses en la producción que definen hasta que punto pueden aumentarse los salarios. Está clara la política interventora del gobierno propuesto, éste interviene en todo lo que sucede en el país y se toma atribuciones para distribuir los recursos y decidir cómo debe vivir la gente, en lugar de dejar que sea la misma gente la que decida cómo comportarse)

Indultos previstos: Indultar a los que han sido injustificadamente privados de libertad y cancelar las querellas en situaciones de revuelta social (Todo indulto requiere de una justificación, si ésta existe, bienvenida)

Nacido Torcido

Una pregunta que se hacen los filósofos, ideólogos y políticos se refiere a si nacemos con una determinada orientación política. El motivo de esta pregunta es que se nota que, aún sin tener formación ideológica o política, la gente tiende a favorecer un sistema sociopolítico sobre otros. No es raro provenir de una familia en que se favorece una tendencia sobre otras y muchos familiares mantienen la tradición pero también hay otros que contradicen los argumentos heredados. Así como los psicólogos identifican las características de la personalidad de los individuos, la realidad demuestra la existencia de tendencias personales hacia determinadas orientaciones políticas. Por ejemplo, ser de izquierda o de derecha, o sea, socialcomunista en lugar de conservador o capital demócrata puede provenir de nuestro inconsciente e instintos, independientemente de que por formación elijamos otras preferencias. El tiempo y el conocimiento son factores que hacen cambiar las versiones de nuestras preferencias.

Parece mentira, pero he tenido experiencias personales que me indican que hay gente que sí nace con una determinada tendencia política. Personas que he conocido a lo largo de los años, han resultado tener orientaciones políticas subyacentes que no afloran sino cuando se presenta una situación crítica en que no hay más remedio que expresar sus ideales. Esto me ha sucedido en muchas ocasiones con los socialcomunistas, no indican sus preferencias sino cuando se dan cuenta de que sus ideas se han materializado en un gobierno real. Los socialcomunistas, los anarquistas y los teócratas están convencidos de que el ser humano es perfectible, que ayudando, educando y motivando es posible construir una sociedad ideal en que todos vivimos felices y contentos. En cambio, hay otras ideologías como el conservatismo, el fascismo y el capitalismo, que consideran que los seres humanos son imperfectos, que nacen torcidos y que es muy difícil ayudarlos a cambiar su naturaleza.

En cuanto a los que nacen con ciertas orientaciones políticas, hay muchos capitalistas que manifiestan, desde pequeños, su egoísmo, su ambición por las cosas materiales; los socialcomunistas reflejan, en su carácter, una tendencia hacia la solidaridad y la autoridad pero manifiestan un carisma que atrae a otras personas; muchos socialdemócratas manifiestan desde pequeños el deseo de que los ayuden constantemente, que les den regalos y dádivas, aspiran a heredar la casa de los padres, etc. Los liberales están más atraídos por ideas de cambio y autosuficiencia; los conservadores y los teócratas son reservados, no son osados en sus demostraciones de apoyo al cambio, prefieren las tradiciones y la continuidad de las ideas 'atrasadas.'

Los capitalistas y los socialdemócratas expresan sus ideas abiertamente cuando conversan pero los socialcomunistas tienen una tendencia a no expresar sus sentimientos políticos. Estos últimos son reservados políticamente, probablemente porque saben que esas ideas no son bien recibidas por el común de los mortales. Eso sí, suelen ser simpáticos y carismáticos transmitiendo sus fantasías políticas a través de sus acciones personales, ofreciendo ayuda, tratando bien a los demás, etc.

Existen estudios que han tratado de determinar si hay una relación entre la genética y la orientación política; si nacimos torcidos no podemos cambiar. 'Pobre del árbol que tiene que dar su fruto a palos,' decía mi madre. Esos estudios están relacionados con la controversia 'naturaleza' versus 'crianza.' Por mucho tiempo se pensó que los valores sociales provienen de la educación de los hijos en el hogar; provenir de una familia equilibrada, alcanzar una educación formal y pertenecer a una clase social con mayores recursos los hace más decentes. Sin embargo, se ha venido demostrando que las consideraciones genéticas también tienen un papel en el comportamiento humano y que definen también nuestras relaciones sociales.

Otros estudios han analizado el comportamiento de niños de tres y cuatro años y su orientación política como adultos de 23 o 24 años. [Block 1969] [Block 2006] Estos investigadores hablan solo de dos tendencias ideológicas como son el liberalismo y el conservatismo; los liberales masculinos se identifican con la capacidad de pensar, con múltiples intereses, y son inconformes; los conservadores masculinos manifiestan inquietud ante la incertidumbre, son convencionales y moralistas. Las liberales femeninas poseen vitalidad, se motivan fácilmente, son perceptivas de las situaciones sociales injustas, y son poco conformistas; las conservadoras femeninas demuestran inquietud ante la incertidumbre, son convencionales, tienen visión sexista en su comportamiento y con percepciones sociales tradicionales, y demuestran debilidad emocional.

Aunque la validez de esos estudios científicos no es absoluta, demuestran que existe una situación incómoda para justificar que haya personas que favorecen regímenes totalitarios como el socialismo y el comunismo a sabiendas de que nunca han solucionado los problemas de la humanidad. Esta situación incómoda hace pensar que hay una predisposición genética en las personas para enceguecer ante la realidad desnuda del fracaso socialista y comunista. En mi libro Know Yourself Ideologically [Boloix 2020] analicé el problema desde otra perspectiva: los humanos poseemos una combinación de preferencias que nos asocian a varias ideologías en lugar de a una sola; son los principios sustentados por las ideologías los que nos hacen parecidos o diferentes. El caso es que personalmente favorezco al liberalismo, el conservatismo, la socialdemocracia, el anarquismo y el capitalismo en mucho mayor grado que el fascismo, el socialismo y el comunismo. Cada persona puede analizar sus preferencias políticas usando la plataforma propuesta y comprender por qué favorece más una ideología que otra. Por lo tanto, el haber nacido con cierta orientación hacia los principios y valores de determinadas ideologías hace que aceptemos un gobierno con tendencias a las que somos afines. Por ejemplo, en las sociedades patriarcales o matriarcales existe mucha tendencia al autoritarismo, el que nace en ese contexto está predispuesto a favorecerlo. Lo mismo pasa con las religiones, favorecen la piedad y la obediencia, y permiten a las personas identificarse con las causas influenciadas por la religión.

Aristóteles ya lo había sugerido, 'Somos animales políticos,' claro, porque somos criaturas sociales con facultades racionales de comunicación y principios morales. Según él, la existencia del estado es una creación de la naturaleza en vista de que el hombre tiende a asociarse con otros humanos para satisfacer sus necesidades sociales. Se puede interpretar que lo de animal político refleja la cantidad de barbaridades que se cometen en la esfera política, donde la violencia y las amenazas punitivas se manifiestan constantemente, por eso, el término animal se asocia al bruto. Según él, aquellos que se hacen los locos ante la violencia inherente en la política también le dan la espalda a la sociedad y se declaran forajidos, perdiendo su grupo, su 'tribu' y con ello demuestran su falta de compasión ante las necesidades sociales.

Todo esto que dice Aristoteles es discutible, ya hace unos dos mil cuatrocientos años que la gente critica sus argumentos. Que existan humanos brutos no significa que todos seamos animales, hay mucha gente inteligente que no tiene, o no quiere, participar en política. Que el ser humano sea social no significa que deba existir un estado injusto que nos niegue la libertad y la justicia. El concepto de estado puede ser aceptado por los individuos si se cumplen los criterios básicos para gobernar: autoridad moralmente ganada, ejercicio del poder demostrando consideración y respeto ante la disidencia, ejercicio proporcional de la justicia sin exagerar las penalidades por motivos personales, ideológicos o emocionales, así como el resto de justificaciones éticas.

Aristóteles llegó a defender la existencia de la ciudad-estado clamando que es la asociación natural más primitiva para los seres humanos, afirmando que inclusive precede a los individuos. Esta afirmación no tiene ningún sustento sólido ya que el individuo es siempre independiente aunque haya nacido en el vientre de una madre, la asociación social con ésta y los demás familiares viene después; los hijos lo que aceptan es una situación inevitable, no pueden subsistir solos recién nacidos. Aristóteles no se refería a la familia como el primer eslabón social, puesto que hablaba de la ciudad-estado. Si hubiese dicho familia sería diferente, todos hemos nacido en el vientre de una madre y nos asociamos automáticamente a su protectorado. Solo la familia asocia a los individuos que la forman, resultando un grupo minúsculo comparado con una ciudad-estado conformada por miles de ciudadanos; hoy en día ya hablamos de ciudades con millones de habitantes. Cada familia desemboca en una nueva familia que gerencia a sus miembros con las herramientas intelectuales y físicas que posee. Cada familia establece sus propias reglas, distintas unas de otras y distintas de generación en generación. La familia es uno de los principales centros de disidencia contra el concepto de ciudad-estado que intenta convertir a todos aceptando una única opinión y creencia. Si lo analizamos de acuerdo a la historia de las civilizaciones, las nuevas generaciones heredan las instituciones antiguas pero los jóvenes no tienen porque aceptarlas ciegamente; aquellos que se formen políticamente pueden retar el status quo, por eso los totalitarios aborrecen la formación política con mente abierta. Según Aristoteles, existen los grandes benefactores que diseñaron la ciudad-estado, utilizaron su magnífica inteligencia creando un marco legal que permite a las personas comportarse con justicia, afirmando sus virtudes, evitando las salvajadas y la bestialidad posible en ciertos humanos. En conclusión, la ciudad-estado evolucionó en cada generación, la experiencia acumulada permitió mejorar su funcionamiento con el paso del tiempo para servirle mejor al ciudadano.

Aspectos más resaltantes del Capítulo 2: Los Políticos

- Un político suele dedicarse a la política como profesión, interviniendo o aspirando a dirigir el gobierno de un estado, comunidad o municipio. Los políticos trabajan para llegar al poder y conservarlo, no precisamente para hacer el bien a la población

- Los políticos deben fungir de gerentes con formación filosófica, esos que comprenden a los seres humanos y sus necesidades, con un conocimiento amplio de aspectos éticos y morales, de justicia, del significado de la vida, y del efecto de las ideologías, y así definir los rumbos de acción
- La determinación del significado de la vida requiere de sabiduría, tomando en cuenta el pasado, el presente, el futuro, y las transformaciones producidas en todos esos períodos
- La motivación permite establecer un significado de la vida, algunos desean ayudar a los demás, otros se conforman con ayudarse a sí mismos, otros combinan esas alternativas
- Si interpretamos la vida como vive y deja vivir, equivale a decir que somos tolerantes ante las opiniones divergentes y aceptamos distintos puntos de vista
- La filosofía de vida más común es vive para tí, trata de ganar tu sustento y mucho más, para tener ahorros, y si logras tener una vida desahogada, no te preocupes de hacer el bien a nadie, que se las arreglen. Hay una minoría de personas que viven para los demás, aunque en realidad solo hacen ver, ya que en el fondo tienen un interés de ayudar para recibir una contraprestación en el futuro
- El ser humano tiene el potencial de contribuir con una mejor vida en el planeta en vista de que es el único ser con la capacidad de razonar y entender lo que sucede a su alrededor
- La vida y la muerte son conceptos complementarios, no se puede tener uno sin el otro. El ser humano nace y se desarrolla para finalmente morir, no hay alternativa. Los humanos tenemos más facilidad para entender la vida, todo lo que hacemos promueve estar sanos y fuertes para seguir luchando en vida
- Los políticos proponen una serie de aspiraciones y promesas de gobierno que demuestran la superficialidad común de sus enfoques. La mayor parte de esas promesas no pueden ser implantadas puesto que carecen de un plan de ejecución. Prometen el estado benefactor y la utilización del gasto público para integrar a la población en la vida social

- Los políticos de izquierda favorecen a un grupo de la población en perjuicio del resto. Los socialcomunistas hacen ver que favorecen a los pobres y necesitados, pero lo que hacen es penalizar injustamente a los que quieren vivir mejor
- La mujer, al igual que el hombre, debe integrarse a la sociedad en diversas áreas, productivas y no productivas. Las comunidades indígenas deben tomarse en cuenta. Todo el esfuerzo que se haga para darle oportunidad a los que tengan méritos es bienvenida
- Los impuestos son usados para penalizar a los que tienen y no para financiar los proyectos de obras públicas que requiere la nación, como transporte, comunicaciones, salud y educación, entre otros
- La seguridad personal, judicial y de propiedad debe ser una constante para cualquier gobierno
- El medio ambiente nos afecta a todos, los políticos no son los únicos que mágicamente descubren la importancia del medio ambiente y quieren usarlo como formato proselitista para ganar adeptos
- Las políticas para administrar las regiones y la transferencia de ciertas competencias es una estrategia común en las naciones avanzadas, por lo tanto genera una orientación descentralizada de la justicia que mejora la vida de los ciudadanos
- El principio de igualdad ha sido explotado injustamente por los políticos de izquierda, que desean convertirnos a todos en especímenes creados en una fábrica marxista que produce ciudadanos
- El problema educacional requiere de estrategias cónsonas con las regiones, las políticas educativas deben estar asociadas a las particularidades de cada región
- La Constitución se transforma en el objetivo principal de los gobiernos con tendencias autoritarias, y ya sabemos de sobra que esos sistemas no funcionan
- Existen estudios que han tratado de determinar si exite una relación entre la genética y la orientación política; si nacimos torcidos no podemos cambiar. Esos estudios están relacionados con la controversia 'naturaleza' versus 'crianza;' por mucho tiempo se pensó que los valores sociales provienen de la educación de los hijos en el hogar

Capítulo 3: Los Sistemas SocioPolíticos

Las ideologías son modelos que explican cómo interpretar y poner en práctica principios de comportamiento y convivencia humana para mejorar la vida en sociedad. La mayoría de las ideologías sugieren una ruta de transformación desde la situación actual hasta la nueva sociedad de forma pacífica pero algunas proponen la via beligerante. Hay innumerables ideologías, unas orientadas al mundo occidental y otras más enfocadas al mundo oriental. En el oriente, hay un fuerte componente teocrático, principalmente los musulmanes y los talibanes, donde la religión tiene toda la influencia sobre los gobiernos. En el oriente, algunas sociedades, consideran el poder del estado y el de la iglesia al mismo tiempo, mientras que en occidente los dos están separados. Las funciones básicas de un gobierno teocrático son parecidas al occidente ya que los servicios primordiales son requeridos por todos los ciudadanos, pero los principios que los guían son distintos. En occidente, estamos acostumbrados a modelos ideológicos en que la iglesia tiene mínima influencia, se enfatiza la importancia del ser humano, el medio ambiente, el comercio y la productividad. Hay particularidades ideológicas que promueven el humanismo, el populismo, la ecología y la integración de la mujer a la sociedad productiva, pero en general todas las ideologías tratan esos temas. El humanismo se considera una ideología en sí mismo, considerando los conceptos humanos, pero que se manifiestan en otras ideologías como el anarquismo y el socialismo. Para investigar sobre ideologías puede consultarse el libro de Ideologías Políticas. [Heywood 2003]

Los sistemas sociopolíticos representan la implantación de las ideologías en la sociedad. La interpretación que hacen los países define a los gobiernos con determinadas tendencias ideológicas; por muchos años, China se consideró comunista pero hoy en día sabemos que maneja el capitalismo mundial a su antojo. Algunos sistemas sociopolíticos tergiversan o malinterpretan el significado de los principios ideológicos para ganar adeptos y conquistar el poder, luciéndose superficialmente como los grandes transformadores de la civilización. Los políticos manipulan los principios para lucir humanistas y progresistas ante las masas: todos seremos iguales, solidarios, libres, son los lemas más comunes. El común de los mortales idealiza esos principios con un significado exagerado de justicia social que puede justificar el desencadenamiento de emociones que pueden desembocar en el uso de la fuerza para imponer un determinado punto de vista. Algunas ideologías esconden la importancia de los principios libertarios, imponiendo el autoritarismo para corregir los defectos humanos; prefieren una definición ambigua de los principios para que se presten a variadas interpretaciones, usandolas a conveniencia; piensan que los principios evolucionan de acuerdo a su propia inercia y voluntad, dejando a los ciudadanos sin sustento concreto y promoviendo la manipulación del estado; los principios ideológicos no están anclados en una descripción clara y transparente que permita el progreso de la población. La felicidad y el progreso que persiguen los humanos permite identificar los principios básicos que superan la mera supervivencia; el conocimiento, la superación y la autorrealización son apenas algunos temas de interés para los individuos y las sociedades.

El grado de autoridad que posee el estado diferencia los sistemas sociopolíticos, imponiendo, por la fuerza, el comportamiento de los ciudadanos; los socialcomunistas fuerzan a toda la población a cumplir reglas uniformes que colocan al individuo supeditado a la sociedad; los capitalistas proponen una sociedad en que solo el comercio es importante, limitando las posibilidades humanas en otras áreas de acción más cónsonas con los objetivos de la diversidad humana; los fascistas colocan la nación y la autoridad del líder por encima de cualquier individuo, considerando a éste como un peón al servicio de la nación; los liberales y conservadores intentan favorecer primeramente al individuo, limitando el poder del estado.

El modelo de vida establecido por la sociedad depende de los principios que la sustentan, es totalmente diferente vivir bajo un sistema socialista o comunista que vivir bajo un sistema liberal o conservador e inclusive teocrático. Los socialistas se imaginan una vida ficticia donde todo es de todos y nada pertenece a nadie; inclusive, en ciertos casos, lo que otros producen lo quieren compartir gratuitamente, sin contribuir a la producción. Los liberales, conservadores, socialdemócratas y capital demócratas por otro lado, saben que hay que trabajar para producir y que los que más trabajan y lo hacen con mejor calidad, merecen disfrutar de su esfuerzo; los que no producen deben conformarse con vivir en condiciones precarias, no merecen vivir mejor, eso de que dios nos hizo iguales y todos merecemos lo mismo es utópico, hay que ganarse el bienestar con el sudor de la frente.

A continuación se presentan modelos de sistemas sociopolíticos que abarcan el abanico de ideologías sugeridas por la literatura y la experiencia reconocida de ciertas sociedades. Para poder discutir de las tendencias ideológicas de esos sistemas es necesario disponer de un marco de referencia que nos sitúe en un contexto más preciso. Por ejemplo, el humanismo es un modelo para una sociedad donde el ser humano tiene preferencia, y sabemos que otras ideologías también enfatizan al ser humano, tal como el anarquismo y el liberalismo. Las teocracias enfatizan la participación de la iglesia en las decisiones del gobierno. El comunismo, el socialismo y el fascismo, enfatizan al estado y al líder supremo. La socialdemocracia intenta integrar al socialismo con el capitalismo. La capital democracia es la encarnación directa del sistema capitalista en la sociedad. Los conservadores intentan perpetuar la sociedad actual, combinando el capitalismo con otros modelos de tendencia social. El socialismo absurdo (socialismo del siglo XXI) es una versión degradante del socialismo con tendencia fascista.

Cuando se intenta asociar las ideologías con los sistema sociopolíticos se nota claramente que muchas ideologías son utópicas, son irrealizables, es imposible implantarlas en un sistema sociopolítico. Así, por ejemplo, siempre se minimiza la importancia del anarquismo por ser utópico, aunque se continúan llamando comunistas algunos países que tienen de comunistas solo los adjetivos impulsados por la élite al mando pero que en la realidad no reflejan los ideales comunistas. Lo mismo pasa con el socialismo y la capital democracia, hacen interpretaciones en la práctica que difieren del modelo ideológico; el socialismo nunca ha existido como sugiere la ideología, siempre va acompañado de condiciones capitalistas ya que el comercio requiere del libre mercado, aunque sea parcialmente; lo mismo pasa con el capitalismo, no puede implantarse totalmente según los principios de mercado ya que existen seres humanos que requieren de cierta consideración. El humanismo que se presenta en esta obra no es reconocido dentro del mundo académico como una posibilidad ya que no hay experiencias reales que soporten su existencia.

Humanismo

El humanismo es una filosofía que privilegia los valores morales de los seres humanos, centrándose en la realización de sus necesidades y aspiraciones, combinando la visión individual con la social. Toma en cuenta los individuos, por lo tanto se opone a una visión única de sociedad que quiere uniformizar a todos por debajo. Aunque no se conoce ninguna sociedad organizada alrededor del humanismo, sí es factible considerarlo como una opción factible. El humanismo es libertario, busca que los grupos humanos se integren a voluntad de acuerdo a sus propios intereses y no en función de intereses provenientes de una élite al mando, con más poder o riqueza. El humanismo es racional, influenciado por la filosofía y la ciencia, inspirado en la ética y la estética y motivado por la comprensión. Promueve la dignidad de los seres humanos y soporta la libertad y oportunidad individual consonante con responsabilidades sociales y ambientales. Define los objetivos de la vida a partir de las necesidades e intereses humanos en lugar de abstracciones teológicas o ideológicas, dejando a las personas la responsabilidad de su propio destino.

Teocracia

Las teocracias son sistemas de gobierno en que la autoridad política se considera emanada de dios, y es ejercida directa o indirectamente por un poder religioso, formado por sacerdotes, ministros o monarcas. En las teocracias hay mucho menos libertad individual o libertades civiles; las personas que difieren de la religión dominante pueden ser perseguidas, discriminadas e inclusive asesinadas. Las teocracias suelen contradecir la orientación libertaria de occidente proponiendo un significado de la vida sustentado por las escrituras religiosas antiguas, que promueven la comprensión del mundo a partir de una divina deidad. La religión, según los teócratas, suministra los principios morales necesarios para las nuevas generaciones, enfatizando una solidaridad mayor entre ciudadanos; sin embargo, el fanatismo religioso puede convertirse en una desventaja ya que no refleja la evolución del mundo, es una ideología estancada en el pasado.

El Comunismo

El comunismo es un sistema que aspira a la igualdad total de los individuos eliminado la necesidad de un estado controlador, pero para llegar a eliminar el estado tienen que pasar, según ellos, decenas o centenas de generaciones, para crear el nuevo ser humano. Al fin de cuentas, el estado totalitario se mantiene por por siglos y los gobiernos se convierten en sistemas que igualan a todos los ciudadanos por debajo, haciéndolos cada vez más pobres. El comunismo necesita de un estado poderoso para poder transformar al individuo; los comunistas creen que los seres humanos mejoran con el tiempo y para ello hay que obligarlos a comportarse. El origen del comunismo fue la crítica al capitalismo, este no funciona y hay que cambiarlo por otra cosa, por ejemplo, el comunismo que aunque no sabemos si da resultado es al menos diferente. Utiliza un modelo económico donde todas las decisiones son centralizadas y los medios de producción están en manos del estado. Para los comunistas, la sociedad tiene que controlar al individuo, para que mejore en el tiempo; solo cuando la gente sepa comportarse se podrá liberar del control del estado. Los comunistas alteran artificialmente el balance que existe entre el individuo y la colectividad indicando que los derechos de los individuos están subordinados a los derechos de la sociedad. Es bien sabido que la sociedad es un concepto abstracto que nunca representa el pensamiento de todos los ciudadanos. El comunismo hace a todos los individuos iguales, haciendo ver que es justo y equitativo pero que al final crea una comunidad que vive para la supervivencia, sin ningún aliciente que haga la vida placentera, solo la élite del partido comunista progresa.

El estado representa al individuo y toma las decisiones en su nombre; el partido comunista es el que decide por los ciudadanos, se convierte en una élite sabionda que determina el futuro de los ciudadanos. El partido utiliza el denominado centralismo democrático, haciendo ver que escuchan a los individuos o grupos, envían las preocupaciones al centro de recepción y el partido decide cuáles toma en cuenta y cuáles no. El comunismo utiliza la planificación centralizada para organizar la sociedad y decidir qué hace cada persona, dónde vive, dónde trabaja, qué come, y cuántas horas duerme; eso sin contar la decisión gubernamental que establece cuántos hijos tiene y a qué profesión se dedicará en la vida.

El comunismo se inspira en el marxismo con términos como alienación, plusvalía y lucha de clases; según ellos, los trabajadores están alienados al producir bienes que ellos no consumen y su trabajo se convierte en otro producto que se vende al mejor postor; la noción de plusvalía martiriza al capitalista como el mayor beneficiado del trabajo humano, que se hace rico a costa del sudor del trabajador; finalmente, la lucha de clases es un invento torcido que busca equiparar al trabajador con el gerente y el ingeniero, haciendo ver que todos somos capaces de dirigir las empresas y hacerlas funcionar eficazmente, sin necesidad de formación especializada.

La sociedad comunista está construida sobre la base de la lealtad del ciudadano al estado y al partido comunista. Para progresar en una sociedad comunista se requiere ser obediente con el estado y leal a todas las instancias gubernamentales. Llegar a ser un empleado público es una de las carreras más deseadas en ese sistema; el empleado público ejerce su poder hacia los ciudadanos y es premiado con beneficios materiales y fama cuando se logran los objetivos establecidos.

El comunismo, representado hoy en día por China y otros países asiáticos, se ha convertido en una amalgama ideológica que acepta claramente nociones capitalistas. Básicamente, los comunistas se han dado cuenta de que con una idea atrofiada no pueden progresar y aceptan el capitalismo pero con un estado totalitario; aquí se parecen al fascismo, que permite las empresas capitalistas siempre y cuando acepten los lineamientos del estado. aunque la planificación sigue siendo centralizada, y se ha expandido el comercio para intercambiar bienes con el mundo entero. Con esa transformación, ya no es la ideología comunista tradicional sino que acepta finalmente que el capitalismo es ideológicamente superior, desde el punto de vista económico, al menos.

El Socialismo

El socialismo, al igual que el comunismo, justifica su existencia para luchar contra el capitalismo, culpable de todos los males de la sociedad. El argumento utilizado no es que el socialismo funciona, sino que el capitalismo no funciona y por lo tanto hay que cambiarlo. El socialismo tradicional es un sistema económico social en que los medios de producción pertenecen al patrimonio colectivo, siendo administrado por el propio pueblo, los representantes de la élite al mando; los objetivos del socialismo son la justa repartición de los bienes y la organización de la economía, minimizando la propiedad privada y las clases sociales. El socialismo se popularizó en el siglo XIX gracias a Marx y Engels; consideraban al socialismo como una etapa intermedia antes de llegar al comunismo. Sin embargo, el socialismo ya había sido sugerido en el pasado por otros pensadores e inclusive se manifestó en los principios religiosos de compasión, piedad y solidaridad. El socialismo es un sistema totalitario por diseño, en vista de que el estado controla la mayoría de las grandes empresas productivas; su principal lema es la uniformidad, haciendo ver que favorece a los seres humanos y promoviendo que todos aspiremos al mismo estilo de vida. El socialismo necesita un estado poderoso para poder maniatar al individuo; la colectividad es primera que el individuo que tiene que obedecer a todos los lineamientos emanados del poder. Utiliza un modelo económico donde todas las decisiones son centralizadas y los medios de producción están en manos del estado, y orientadas al bien común, nadie debe vivir mejor que los demás. Para los socialistas, los que rechacen los lineamientos del estado lo pagan caro, con la carcel o con la muerte en muchos casos.

El socialismo se rige por el poder, que se materializa en la representación altruista del bienestar ciudadano; el estado sí puede beneficiar al pueblo ya que tiene los recursos provenientes de los impuestos o de los recursos provenientes de la naturaleza. El estado representa el bien común que facilita la vida a todos, y es superior a cualquier individuo o empresa; aunque muchos empresarios tengan voluntad de ayudar a la comunidad, no pueden competir con el estado que maneja enormes recursos. En socialismo, los empleados públicos lo que hacen es ganarse la confianza de los ciudadanos con sus medidas aparentemente caritativas; utilizan su poder para ganar adeptos e iniciar negocios ilícitos. Los empleados públicos pueden mantenerse en el poder por tiempo indefinido en vista de que utilizan estratagemas para manipular a la población entregando dádivas. Los empleados públicos se aprovechan de los tesoros de la comunidad para favorecer a sus secuaces y vivir mejor que el resto de la población.

En socialismo, el partido tiene una importancia menor que en comunismo, aunque su influencia siempre está presente; el partido tiene la labor de recoger las inquietudes de los ciudadanos y utiliza el chisme para conocer qué piensa la gente sobre el éxito (o fracaso) del gobierno. Aquellos que critican al gobierno son rápidamente identificados y visitados por las instituciones de seguridad que los amenazan por su deslealtad hacia la causa; en muchas ocasiones se penaliza a los ciudadanos eliminando los beneficios sociales y haciéndolos pasar trabajo para conseguir el sustento diario.

En socialismo, al igual que en comunismo, la figura del hombre fuerte es muy importante, ese individuo carismático que convence a las masas y tiene que ser venerado por todos. Es lamentable que muchos seres humanos tengan prejuicios hacia la autoridad y cuando ven un político poderoso se arrodillan penosamente para besarle las botas. Los políticos deberían ser servidores públicos que trabajan diariamente para mejorar las condiciones de vida y la educación de los ciudadanos pero en el fondo son oportunistas que se aprovechan del poder. El socialismo, por ser autoritario, facilita el robo del tesoro público y no permite intervenir a tiempo para evitar daños mayores. Los gobiernos socialistas no deberían ser el instrumento de enriquecimiento personal de los servidores públicos, éstos deben rendir cuentas y estar listos para entregarse a la justicia cuando han cometido dolo.

El socialismo ortodoxo espera la lealtad de sus ciudadanos pero a la vez es exigente con los trabajadores, éstos tienen que cumplir cuotas de producción como en cualquier economía capitalista. Los socialistas entienden que sin producción no van a lograr alimentar a los ciudadanos; no todos los gobiernos socialistas tienen recursos naturales suficientes como para vivir de la bondad terrestre. El problema del socialismo es que dedica el esfuerzo a labores de consumo tradicional, orientado a la supervivencia, y se olvida de que hay mucho más que sobrevivir; la gente tiene dignidad y quiere progresar y lograr objetivos propios, y no quieren vivir siempre al nivel del día a día dependiendo del gobierno. Una visión única de la vida no garantiza progreso, la variedad de procesos y resultados solo puede obtenerse en una sociedad libre.

El socialismo y el comunismo, a diferencia del capitalismo, no han sabido implantar la división del trabajo. En general, los trabajadores pueden manejar muy bien los procesos que ya han sido definidos por otros profesionales, pero no tienen las capacidades como para definir nuevos productos o procesos. La división del trabajo permite a unos inventar nuevas técnicas ya que tienen el tiempo para hacerlo, mientras que un trabajador ocupado en producir en una fábrica no tiene tiempo de diseñar un nuevo estilo de producción. Esta afirmación, que parece elitista, no es más que un análisis de la realidad, la capacidad de creación requiere también de capacidad, formación y dedicación. Los socialistas incluyen ideas comunistas, fascistas y de ayuda social; los social demócratas son socialistas enmascarados que esperan hasta el último minuto para asestar el golpe totalitario; los socialcomunistas son totalitarios por diseño, la única manera de aceptarlos es ser sumiso y obediente y los seres humanos no lo son, la rebeldía los caracteriza.

Socialismo Absurdo

El Socialismo Absurdo (Socialismo del Siglo XXI) es una interpretación amorfa y caduca del socialismo y el comunismo, con inclinaciones fascistas y caracterizado por la desorganización de los servicios públicos y el extremo control político de los individuos. Busca igualar a todos los ciudadanos por debajo. El socialismo absurdo es militarista, para controlar a la población, y utiliza el sistema de bienestar social para subsidiar a la población, ésta es dependiente de la asistencia social y considera que el trabajo es secundario, que lo primero es ser leal al estado socialista absurdo.

Los socialistas absurdos se caracterizan por enfatizar su amor hacia los pobres y su odio hacia los ricos y los que viven mejor. Creen que una sociedad puede funcionar a expensas de la expropiación de las obras ejecutadas por los pudientes; las tierras, el abono, las semillas, las industrias, los bancos, y muchos comercios en general, son expropiados y puestos en manos de personas ignorantes que pronto descuartizan los negocios y abandonan las infraestructuras. El socialismo absurdo puede interpretarse como un neofascismo caótico en vista de que introduce la lucha de clases en su peor versión, los pobres contra los pudientes; se convierte en una versión ultra-autoritaria para la dominación de la población.

La peor experiencia ha sido Venezuela, que contaba con inmensos recursos petroleros y se volvió pobre, haciendo a todos los ciudadanos más pobres, y creando inmensos problemas generacionales por el abandono de la niñez y la malnutrición de sus habitantes. Solo la élite chavista ha progresado junto con los negocios legales, como los bodegones, la venta de autos de lujo, los restaurantes costosos, la administración de shows internacionales; y de los negocios ilegales de drogas y tráfico de seres humanos. Los miembros del partido de gobierno, la élite al mando, los comerciantes y los militares han sido los grandes ganadores, aprovechándose del desorden absoluto del país. Hoy en día, Venezuela quiere transformarse en sociedad capitalista para servirle a los imperios americanos, rusos, iraníes, árabes, y chinos; aunque, estemos claros, el único interés real de la élite es mantenerse eternamente en el poder.

Social Democracia

La socialdemocracia es una reinterpretación del socialismo para adaptarse a la realidad mundial, combinando ayuda social con capitalismo. Es bien sabido que el socialismo está basado en una contradicción, dice favorecer los 'valores morales' pero lleva a la pobreza extrema, mientras que el capitalismo, basado en el 'vicio' lleva a la prosperidad de los pueblos. La socialdemocracia se convierte en una tercera vía entre la fingida visión moral del socialismo y la productividad del capitalismo. Igual que el liberalismo, la socialdemocracia ve la sociedad como la suma de sus partes, las personas deciden qué hace la sociedad, no al revés; las personas son entes sociales que realizan todo su potencial en sociedad; aunque la sociedad se forma naturalmente con el objetivo de vivir una mejor vida, los socialdemócratas no aceptan que hayan individuos que se resistan a seguir los lineamientos impuestos por la sociedad, haciéndolos por lo tanto tender al totalitarismo como en el socialismo o comunismo.

Para los socialdemócratas, el estado sigue teniendo el rol de crear una sociedad buena, justa y saludable. El estado se convierte en un instrumento de cambio social en vista de que maneja recursos que pueden ser utilizados para mejorar la vida de los ciudadanos. El bienestar social se convierte en un pilar mayor para beneficiar a los ciudadanos; los socialdemócratas se consideran como los propulsores del proceso social que logra una sociedad justa; los liberales, por el contrario, ven el bienestar social como una situación desafortunada, causada por las deficiencias del capitalismo, que no debería mantenerse en el tiempo.

Una desventaja de la socialdemocracia es que considera la política precediendo la economía, por lo tanto, el mercado es intervenido artificialmente para manipular los intereses puramente capitalistas y ponerlos al servicio de los valores morales y solidarios de la población. Esa intervención en el mercado tiene resultados negativos ya que tiende a limitar la producción y la iniciativa privada para dar mejores servicios.

<u>Anarquismo</u>

El anarquismo es una ideología radical y revolucionaria que busca la abolición del modelo gubernamental existente en las sociedades modernas. El problema del anarquismo es que no se compagina con la noción de sociedad que conocemos; tradicionalmente, a medida que la sociedad crece, es necesario mejorar su organización; los anarquistas no han resuelto cómo organizar y administrar una sociedad evolucionada. El anarquismo nunca ha sido puesto en práctica y si lo ha hecho, ha sido en grupos minúsculos que no representan los problemas de una sociedad congestionada. Por lo tanto, el anarquismo solo puede ser evaluado en cuanto a sus principios, el principal, la importancia del individuo. En este aspecto, el anarquismo se parece al liberalismo por favorecer al individuo y limitar al estado. Los anarquistas favorecen el horizontalismo, la ayuda mutua, la autonomía, la solidaridad, la acción directa y la democracia directa.

La única forma de implantar una sociedad anarquista es disminuyendo el volumen de participantes en cada uno de los subgrupos que la conforman. Además, con el tiempo, los intereses podrían cambiar y se requiere mucho más dinamismo en la definición de nuevos objetivos. La sociedad anarquista nunca aceptaría a la economía como la fuerza decisoria de la evolución social. El objetivo sería el bienestar espiritual humano y no la prosperidad económica, por lo cual habrían opositores; como de costumbre, el ser humano es inconforme. Lo único que sería inaceptable es que los anarquistas tuvieran que recurrir al totalitarismo para implantar su deseada utopía.

La globalización no sería un objetivo del anarquismo, en vista de que la descentralización es uno de sus mayores objetivos. La globalización la desean los capitalistas por motivos económicos, los socialistas y los comunistas para implantar su paraíso en la tierra y en todo el universo. Los anarquistas más bien buscarán recomponer la sociedad en pequeños países dispersos con intereses comunes que los harían más solidarios unos con otros. Las sociedades independientes y las luchas separatistas proliferan en anarquismo, en vista de que con un objetivo común la gente suele asociarse mejor. De todos modos, en anarquismo, son los ciudadanos los que deciden en sus grupos, por lo tanto, si muchos grupos coinciden en la conveniencia de integrarse en una visión aumentada del comercio, no sería precisamente el anarquismo el que se opondría.

La globalización ha sido contraproducente para la sociedad, solo crecer económicamente, sin mejorar la educación de las personas, favorece a los regímenes socialistas, comunistas y las teocracias; el crecimiento económico de China y Rusia ha contribuido a poner en peligro la continuidad de los principios occidentales, ahí vemos lo que pasa en Ucrania, Putin tratando de aplicar su visión étnica de la historia rusa. La globalización económica debe ser impulsada solo para colaborar con aquellas sociedades que pasan trabajo, que la necesitan, pero limitando la influencia negativa que esa ayuda pueda repercutir al mundo occidental, demasiado poder económico puede asociarse a poder militar.

Liberalismo

El liberalismo es una ideología que coloca, al igual que el anarquismo, al individuo como principal actor; si no existe individuo educado, no existirá una sociedad justa. La única diferencia es que con el liberalismo el individuo está relacionado con la sociedad tal como la conocemos hoy en día, por lo tanto los cambios son mucho más lentos. Una ventaja del liberalismo es que trata de limitar el poder del estado y salvaguardar las libertades civiles, para ello se establecen claramente los objetivos en la constitución, y así cambiar aquellos gobiernos que no están respondiendo a las necesidades de la comunidad. Los principales valores liberales incluyen la libre expresión de las ideas, la libertad religiosa, y el derecho a poseer propiedades privadas; la libertad de poseer propiedad es la base de la libertad política y por lo tanto el capitalismo forma parte del contexto liberal. Para los liberales, además de la importancia del individuo, se requiere libertad individual y de asociación; la solución de problemas utilizando la razón y la racionalidad garantiza mayores éxitos; aplicar una justicia con equidad ayuda a integrar a las personas a una mejor vida; ser tolerante ante las opiniones ajenas implica educación para la diversidad; y aceptar la diversidad cultural permite interpretar la vida desde ángulos diferentes. Los liberales incluyen ideas individualistas parecidas a los anarquistas, aceptan ideas capitalistas para mejorar la productividad y simpatizan con los social demócratas dando ayuda social a los necesitados.

Conservatismo

La ideología de los conservadores está orientada al mantenimiento de la noción de individuo dentro de la sociedad pero de acuerdo a la historia, las tradiciones, y la cultura de esa sociedad. Por lo tanto, el individuo es dependiente de los eventos del pasado y la posibilidad de cambio de ideales es muy limitada. La ideología conservadora utiliza el conocimiento acumulado por la sociedad durante siglos para mantener una cierta estabilidad. El comercio, el capitalismo, las tradiciones, y la cultura definen el funcionamiento de la sociedad conservadora. Los conservadores tienen ideas tradicionalistas, clasistas y capitalistas; aceptan también la idea de ayuda social, aunque en menor grado.

Los conservadores prefieren lo familiar a lo desconocido, mantener lo existente en lugar de cambiar, tienen visión limitada y prefieren lo conocido a lo desconocido, lo cercano en lugar de lo distante, lo que convenga y haya sido experimentado en lugar de lo ideal. Según los conservadores, no hace falta cambiar el mundo ya que los individuos son imperfectos y las consecuencias del cambio son desconocidas, por lo tanto el cambio no garantiza que será superior el futuro estatus quo. Si se cambia algo, es en función de los juicios emitidos y definidos en el pasado, ya que no podemos depender de la volatilidad individual, la cual no crea confianza. Los liberales y los conservadores suelen aliarse en contra de los socialcomunistas, aunque pueden aceptar ideas social demócratas, más precisamente, el bienestar social.

Los argumentos de los conservadores son típicamente de reacción o negación a las propuestas novedosas de otras ideologías, consideran que aquello que no ha sido demostrado no es conveniente probarlo. La historia ha demostrado que muchas ideologías revolucionarias, alimentadas por emociones humanas, de dudosa justificación, han resultado siempre en fracasos que empeoran la convivencia humana. Un claro ejemplo es el comunismo y el socialismo que alientan un sentimiento de injusticia hacia las clases pudientes sin tomar en cuenta las características naturales de los seres humanos; si las personas no son trabajadoras o no tienen luces suficientes, no pueden proponerse soluciones totalitarias con un pensamiento único que nos iguala en todos los aspectos, incluida la flojera y la ignorancia.

Capitalismo Democrático

El capitalismo democrático equivale a la versión opuesta a la socialdemocracia, es más capitalista que social; este sistema coloca el énfasis en las instituciones productivas, comerciales y financieras, incluyendo las industrias y la propiedad privada, en lugar de la ayuda social, la cual queda relegada a un mínimo; la gente tiene que trabajar para ganarse el sustento sin contar con el estado paternal o maternal que los mima; la compasión siempre puede estar presente en el capitalismo, pero limitada a la necesidad real.

El capitalismo ha resultado ser positivo para la humanidad, a pesar de todo lo que puedan criticar los comunistas o socialistas. La pobreza ha disminuido en el mundo gracias al capitalismo, el mantenimiento del comercio para realizar las transacciones, utilizando el dinero como medio de intercambio ha resultado ser un mecanismo abstracto que no toma en cuenta los defectos o atributos personales y enfatiza el libre intercambio de los bienes sin la intervención nefasta de los gobiernos que quieren establecer principios de ayuda social en detrimento de la mayoría de la población; el mérito en capitalismo es fundamental para progresar en la vida.

Fascismo

El fascismo está asociado al nacional socialismo, tiene una visión política de la sociedad, donde el estado, con la autoridad del líder máximo, se encarga de definir la economía y el resto de actividades sociales. El fascismo se caracteriza por promover el populismo, haciendo ver que trabaja para mejorar las vida de los más necesitados en la sociedad. El fascismo puede tener orientación racista, como en el caso de los Nazis, o la preferencia por una clase social, por ejemplo, los pobres. En fascismo, el individuo no tiene ninguna importancia, ellos representan solo a las masas, dirigidas por la élite, la cual define el futuro de la nación. Es una orientación hacia el poder y la confrontación, el gobierno manda y el pueblo obedece; si los líderes se equivocan, el pueblo paga las consecuencias. Un ejemplo actualizado a 2022 es la Rusia de Putin, la cual se comporta como recomienda el panfleto fascista (nazista), el uso de la violencia y la intimidación (guerra), aludiendo a fines de grandeza imperial de la antigua Unión Soviética; al final, el pueblo ruso sufrirá las consecuencias de una guerra injusta en Ucrania.

Conoce a tu adversario

Por adversarios me refiero a las grandes ideologías que compiten por el poder político en las sociedades. Las mayores diferencias provienen de las visiones socialcomunistas, opuestas al capitalismo, y de la visión libertaria de la vida, opuesta al totalitarismo. En definitiva, los adversarios a que nos referimos en esta obra son los sistemas totalitarios, representados por los socialistas, los comunistas y los fascistas; los social demócratas son un caso especial que merece comprensión pero que esconde objetivos insanos. El punto álgido es que el socialismo, el comunismo y el fascismo, están siempre acompañados de un modelo autoritario que obliga a la población a seguir una doctrina única, simplista, equivocada, en lugar de una doctrina que considere la complejidad propia de la realidad. Conocer al adversario significa saber los criterios que maneja, algunos temas de importancia política y social como la concentración de la riqueza, la centralización del poder, los pobres viviendo en condiciones precarias, y la clase media con dificultades para cubrir sus necesidades, reflejan las inquietudes comunes que se plantean.

¿Qué proponen los humanistas para solucionarlas? La concentración de riqueza en unos pocos, aunque puede materializarse, considera que los pudientes deben tener una visión solidaria hacia sus congéneres, por lo tanto recomienda compartir, al menos en parte, sus ganancias. En humanismo no existe poder centralizado, en todo caso existe poder descentralizado basado en principios morales ganados por buena reputación y no por la fuerza o el dinero. Los pobres tienen el potencial de superarse en vista de que se dan cuenta de que si no participan activamente nunca podrán mejorar; solo por solidaridad se le facilita la vida al necesitado, no por obligatoriedad demandada de entes abstractos como el estado. La clase media puede surgir a plenitud ya que es la que siempre busca nuevas maneras de hacer las cosas y dispone de la libertad de acción para progresar; además, incorpora la consciencia humana, que sin desmejorar su status, busca integrar a los que necesitan de cierta ayuda para que progresen por sus propios medios.

¿Qué proponen los teócratas para solucionarlas? El disfrute de la riqueza en unos pocos no está en contra de los principios religiosos, siempre y cuando se respeten los principios morales que lo sustentan pero el estado teocrático controla algunos medios de producción; en cuanto al poder centralizado, hacen ver que quieren que la gente participe, pero al final es la cúpula religiosa la que decide los principios, originados en los antiguos textos religiosos; los pobres siguen teniendo dificultades en las teocracias, aunque suelen subsistir; la clase media puede vivir bien, siempre y cuando obedezca los lineamientos provenientes de los santos mandamientos. Los teócratas critican al mundo occidental por su falta de valores morales y la inexistencia de una guía espiritual.

¿Qué proponen los comunistas para solucionarlas? La concentración de riqueza la retiene el estado, el cual está a cargo de todos los medios de producción, la planificación es centralizada, estableciendo las cuotas necesarias para el consumo y regulando los precios; en cuanto al poder centralizado, utilizan al partido comunista como el gran decisor, el centralismo democrático hace ver que consulta a la población pero al final las decisiones las toma el partido; los pobres siguen viviendo mal en comunismo, aunque pueden subsistir, sin progresar; la clase media tradicional desaparece, solo los empleados públicos y la élite disfruta de bienestar, utilizan el poder para controlar las acciones de los ciudadanos y favorecen a sus leales con dádivas cuando denuncian a los opositores. Todas las críticas que hacen los comunistas nunca van acompañadas de una prueba de factibilidad de las políticas propuestas; no hay demostración práctica de las bondades del comunismo, solo millones de muertos en todas sus experiencias, China, la Unión Soviética, Vietnam. Es bien sabido que ningún régimen comunista ha sido capaz de solucionar los problemas de la sociedad, por lo tanto no hay justificación para aceptarlos.

¿Qué proponen los socialistas para solucionarlas? La concentración de riqueza en unos pocos la sustituyen por el estado a cargo de todos los medios de producción; en cuanto al poder centralizado, hacen ver que quieren que la gente participe, pero al final, mantienen una camarilla elitista al mando; los pobres siguen viviendo mal en socialismo, aunque suelen subsistir, sin progresar; la clase media desaparece, solo la élite disfruta de bienestar, vive bien, abusando del poder y favoreciendo a sus leales. Todas las críticas que hacen los socialistas nunca van acompañadas de una prueba de factibilidad de las políticas propuestas; después de escribir seis libros, no he visto una sola demostración práctica de las bondades del socialismo y comunismo, mantienen una ficción que solo ellos se la creen. Es bien sabido que ningún régimen socialista ha sido capaz de solucionar los problemas de la sociedad, por lo tanto no hay justificación para aceptarlos. Los socialistas solo hablan de aspiraciones inviables que no pueden ponerse en marcha; esas experiencias fallidas, más de setenta, no han dado un solo resultado satisfactorio. Los socialistas solo critican al adversario, el capitalismo. Para merecer la oportunidad de dirigir una nación no es suficiente criticar, hay que demostrar resultados.

¿Qué proponen los fascistas para solucionarlas? La concentración de riqueza en unos pocos la sustituyen por el estado a cargo de todos los servicios públicos, los medios de producción tienen un componente privado que se rige por los planes del gobierno. En cuanto al poder centralizado, mantienen una camarilla elitista al mando, los individuos no tienen opinión, ellos representan a toda la masa amorfa, la cual es tratada como vacas en el corral. Los pobres siguen viviendo mal en fascismo, pueden subsistir sin progresar, solo la élite punitiva surge para justificar la violencia que ejercen. La clase media está representada por la élite punitiva que disfruta del bienestar, vive bien abusando del poder y favoreciendo a sus leales. Los fascistas representan un sistema político con poco basamento ideológico, el líder y la nación son los símbolos que distinguen a esos regímenes, se caracterizan por la beligerancia hacia sus vecinos utilizando la guerra como el mejor motivador de las masas.

¿Qué proponen los socialdemócratas para solucionarlas? La concentración de riqueza en unos pocos la sustituyen por el estado interventor que permite la existencia del capitalismo pero regulado por el estado. En cuanto al poder centralizado, mantienen cierto control desde el estado aunque tienden a permitir ejercicio democrático en la toma de decisiones, utilizando el parlamento en versiones presidencialistas y parlamentarias. Los pobres siguen viviendo su fantasía, aunque el estado bienhechor les facilita muchas dádivas para que por lo menos subsistan a las penurias de la baja producción de productos y servicios. La clase media se beneficia del compromiso social y capitalista, participa en las actividades productivas con cierta libertad y cierto grado de ganancias para progresar en el sistema.

¿Qué proponen los anarquistas para solucionarlas? La concentración de riqueza en unos pocos sí puede materializarse en vista de que el anarquismo libertario deja que las personas vivan de acuerdo a su propia visión y la del grupo al que se asocian, la única diferencia es que los otros grupos pueden decidir lo contrario si lo desean. En anarquismo no existe poder centralizado, en todo caso existe poder descentralizado basado en principios morales ganados por buena reputación y no por la fuerza o el dinero. Los pobres siguen viviendo en las mismas condiciones de antes pero tienen el potencial de superarse en vista de que en anarquismo la gente se da cuenta de su poder de transformación, que se manifiesta a los niveles más bajos de la cadena de distribución de riqueza; solo por solidaridad se le facilita la vida al necesitado, no por responsabilidad demandada de entes abstractos como el estado. La clase media puede surgir a plenitud ya que es la que siempre busca nuevas maneras de hacer las cosas y dispone de la libertad de acción para progresar; además, incorpora la consciencia humana, que sin desmejorar su status, busca integrar a los que necesitan de cierta ayuda para que progresen por sus propios medios.

¿Qué proponen los liberales para solucionarlas? La concentración de riqueza en unos pocos es factible en liberalismo ya que hay libertad de empresa y libre mercado. En cuanto al poder centralizado, los liberales son unos de los más resistentes al totalitarismo ya que favorecen un estado con limitaciones y controles, que siempre está supervisado por las instituciones establecidas. Los pobres reciben oportunidades para progresar de acuerdo a su propio esfuerzo, limitando la ayuda injustificada y enseñando a los pobres a tomar responsabilidad por su progreso. La clase media florece en liberalismo ya que las instituciones estan hechas para facilitar el éxito de los que se dedican a trabajar por la mejora de la sociedad y de sus propios negocios.

¿Qué proponen los socialistas absurdos para solucionarlas? La concentración de riqueza en unos pocos permite a la élite política disfrutar de preferencias para establecer negocios facilitando la permisología a los leales al gobierno. En cuanto al poder centralizado, el socialismo es uno de los más centralizados y autoritarios ya que no hay contrapeso en ninguna institución que los pueda limitar. Los pobres siguen viviendo su fantasía sobre el gobierno benefactor que los mantiene con subsidios, bonos y prebendas pero que no los deja progresar por su cuenta, todo pasa por los deseos egoístas de las élites. La clase media está formada por los leales al gobierno, concentran el poder de la industria petrolera, crean bodegones, negocios de farmacia, venta de útiles escolares con la foto del bigotón, progresan a costa del malestar ciudadano.

¿Qué proponen los conservadores para solucionarlas? La concentración de riqueza en unos pocos es tradicional en los gobiernos conservadores, son las mismas instituciones de siempre, utilizando los mismos mecanismos, sin reconocer la realidad de la población. En cuanto al poder centralizado, también mantienen las mismas fallas que han existido por siglos, ya que prefieren no cambiar a arriesgar la continuidad del status quo. Los pobres siguen viviendo como siempre, en vista de que no hay nuevas instituciones que se encarguen de producir oportunidades para mejorar la pobreza; las oportunidades deben buscarla los pobres por su cuenta, y no se proponen formulas para integrar a los pobres a las cadenas de producción. La clase media está representada por la tradición social, ya que se mantienen las antiguas prebendas a las mismas familias o los mismos ricos de siempre; solo una minoría de recién llegados logra entrar en cadena de favorecidos.

¿Qué proponen los capital demócratas para solucionarlas? La concentración de riqueza en unos pocos es tradicional en el capitalismo, existe una piramide intrínseca en la distribución de la riqueza que hace que aquellos que han manejado mejor las finanzas o han tenido suerte, bien sea por casualidad o por premeditación, observan como su riqueza crece y crece en el tiempo, a veces sin necesidad de hacer mayor esfuerzo. En cuanto al poder centralizado, el capitalismo requiere de una estructura administrativa que garantice que el libre comercio se mantiene estable sin la intervención de manos foráneas, por lo tanto el poder se concentra en la seguridad y la continuidad del sistema capitalista. Los pobres siguen viviendo en las mismas condiciones si no hacen esfuerzo para integrarse a la producción; el sistema capitalista propone oportunidades a todos, aquellos que aprovechan los caminos existentes pueden participar eventualmente en la repartición del tesoro generado por los negocios. La clase media tiene tendencia a prosperar en estos sistemas ya que con trabajo constante es posible aumentar el ingreso familiar que permita progresar en la comunidad.

Aspectos más resaltantes del Capítulo 3: Los Sistemas Sociopolíticos
* Los sistemas sociopolíticos representan la implantación de las ideologías en la sociedad. Las ideologías son modelos que explican como interpretar los principios que caracterizan a los humanos y establecer una convivencia pacífica en sociedad

- El humanismo es una filosofía que privilegia los valores morales de los seres humanos, centrándose en la realización de sus necesidades y aspiraciones, combinando la visión individual con la social
- Las teocracias son sistemas de gobierno en que la autoridad política se considera emanada de dios, y es ejercida directa o indirectamente por un poder religioso, formado por sacerdotes, ministros o monarcas
- El comunismo es un sistema totalitario que busca igualar a todos los ciudadanos por debajo, haciéndolos cada vez más pobres. El comunismo necesita de un estado poderoso para poder maniatar al individuo
- El socialismo es un sistema totalitario, su principal lema es la uniformidad, busca igualar a todos los ciudadanos por debajo, haciendo ver que favorece a los seres humanos y promoviendo que todos aspiremos al mismo estilo de vida
- El Socialismo Absurdo (Socialismo del Siglo XXI) es una interpretación amorfa y caduca del socialismo y el comunismo, con inclinaciones fascistas y caracterizado por la desorganización de los servicios públicos y el extremo control político de los individuos
- La socialdemocracia es una reinterpretación del socialismo para adaptarse a la realidad, combinando ayuda social con el capitalismo. El socialismo está basado en una contradicción, favorece los 'valores morales' y nos lleva a la pobreza extrema, mientras que el capitalismo, basado en el 'vicio' nos lleva a la prosperidad
- El anarquismo es una ideología radical y revolucionaria que busca la abolición del modelo gubernamental existente en las sociedades actuales. El problema del anarquismo es que no se compagina con la noción de sociedad que conocemos
- El liberalismo trata de limitar el poder del estado y salvaguardar las libertades civiles, para ello se establecen claramente los objetivos en la constitución; los gobiernos que no están respondiendo a las necesidades de la población pueden ser derrocados legalmente
- Los conservadores tienen ideas tradicionalistas, clasistas y capitalistas pero aceptan también la idea de ayuda social, aunque en menor grado

- El capitalismo democrático equivale a la versión opuesta a la socialdemocracia, es más capitalista que social; este sistema coloca el énfasis en las instituciones productivas, comerciales y financieras, incluyendo las industrias y la propiedad privada, en lugar de la ayuda social, la cual queda relegada a un mínimo
- El fascismo está asociado al nacional socialismo, tiene una visión política de la sociedad, donde el estado, con la autoridad del líder máximo, se encarga de definir la economía y el resto de actividades sociales. El fascismo se caracteriza por promover el populismo, haciendo ver que trabaja para mejorar las vida de los más necesitados en la sociedad
- Los adversarios son los sistemas totalitarios, representados por los socialistas, los comunistas y los fascistas; los social demócratas son un caso especial que merece comprensión pero que esconde objetivos insanos

Capítulo 4: La Sociedad

Una sociedad se define como un grupo de personas que comparten territorio, viven dentro de una cultura, aceptan la diversidad individual, interactúan con otros, entienden su potencial de contribución social, y se organizan utilizando la división de las labores. La influencia social se manifiesta en la interacción, intercambio, e identificación entre personas y grupos. Las sociedades son comunidades forzadas a integrarse por motivos fortuitos, principalmente conflictos de poder, y compuestas por al menos miles de personas, que contribuyen anónimamente con las necesidades básicas de supervivencia, cobijo, compañía y seguridad. Las sociedades han progresado no solo por el potencial colaborador de las personas, sino porque la organización de la sociedad permite el anonimato, los individuos no necesitan ser fraternales unos con otros, basta con la división del trabajo para entenderse; grupos de desconocidos intercambian bienes y servicios con el fin de satisfacer sus necesidades. Podría afirmarse que la sociedad funciona justamente porque la gente colabora espontáneamente sin saber con quién; si supieran con quién colaboran puede ser que dejaran de hacerlo; los humanos son fregados, cuando la reputación de otros es negativa, los tratan con prudencia.

Las sociedades necesitan ser flexibles para comprender los requerimientos particulares de cada grupo de habitantes, y aceptar la diversidad. Las sociedades han evolucionado durante milenios, cada sociedad se ha venido adaptando a las necesidades de cada generación. Sin embargo, el proceso de mejoramiento es muy lento ya que hay grupos interesados en mantener sus ventajas y prebendas. Querer mantener a la sociedad estática, sin propiciar mejoras que integren a las personas a una vida mejor está destinado al fracaso. Las sociedades deben ayudar a solucionar los problemas humanos, que son muy diversos, y no representar una carga ineficiente que propicia una visión única de vida con orientación totalitaria.

Las sociedades están conformadas por personas, algunas se conocen personalmente, otras no se conocen en absoluto; las personas creen que sí se conocen ya que usan las contribuciones de los demás o tienen la oportunidad de contribuir con otros. Cada persona tiene un número limitado de interacciones con los demás, convive con unas decenas de conocidos y sabe de la existencia de otros allegados por vías directas o indirectas; es ridículo pensar que podemos intercambiar con miles de personas, hay limitaciones de tiempo y espacio. Las famosas redes de comunicación social no permiten conocerse unos a otros directamente, solo permiten intercambiar opiniones; no importa cuantos seguidores tengas, no conoces a esas personas, no has tenido contacto directo, y tiempo suficiente, como para conocerlos.

La sociedad sugiere y aplica principios para convivir y debemos entender las posibilidades de transformación a nuestro alcance, no se puede cambiar todo a la vez. Para implantar cambios en la sociedad se requieren muchas generaciones y no es racional vislumbrar una ruta revolucionaria que solo deja muerte y devastación. La transformación de la sociedad debe comenzar por la mejora de los individuos, los cuales se encargarán de mejorar al Estado; la lucha será difícil puesto que los conservadores y los totalitarios no aceptan los cambios. La ruta inversa, que los gobiernos sean los encargados de la transformación, es solo un espejismo que inventan las élites para usufructuar del tesoro público y es alentada por las utopías de izquierda.

No porque las sociedades hayan existido por milenios significa que funcionan perfectamente dando buen servicio a sus ciudadanos; las sociedades deben estar dispuestas a mejorar, haciendo los cambios requeridos por la ciudadanía. Por lo tanto, la sociedad debería ser descentralizada, permitiendo a las personas agruparse con aquellos con los que se sienten afines y evitar visiones nacionalistas y globalistas que buscan crear uniformidad, atraso y ventajismo, representando solo a unos grupos de la población. Esas visiones nacionalistas y globalistas buscan optimizar los procesos creyendo que el único criterio factible es la eficiencia. Hay muchos otros factores, como las relaciones humanas, los derechos humanos, los servicios sociales, los factores ecológicos, que requieren de comprensión para mejorar la calidad de vida de todos.

Nacemos dentro de una sociedad ya establecida, no hemos participado en su concepción, estamos básicamente obligados a seguir los criterios existentes. Nadie nos ha preguntado si estamos o no de acuerdo con esa sociedad, una vez que maduramos podemos expresar una opinión propia sobre esa sociedad si nos damos cuenta de sus defectos y bondades. Algunos aceptan la sociedad existente y se convierten en defensores autoritarios mientras que otros empiezan a expresar su descontento, pero carecen de los medios y el apoyo para poner en práctica sus nuevas ideas. Algunos se convierten en resentidos sociales al descubrir las dificultades para transformar la sociedad y planean medidas de fuerza para mantener el poder o para cambiar a los dirigentes. La sociedad no debe ser un recinto que obliga sino que convenza; debe estar compuesta por individuos que deciden, por voluntad propia, reunirse para afrontar las dificultades de la vida.

Una clasificación académica divide a las sociedades en preindustriales, industriales, y postindustriales. Esa es una clasificación que solo considera las actividades productivas más conocidas de las épocas recientes, pero que no considera las necesidades humanas, los principios y valores humanos que determinan una vida satisfactoria. El individuo es muy importante en la sociedad, el trabajo es fundamental en vista de que vivimos de nuestro esfuerzo, la convivencia requiere entender la diversidad para darle a cada uno un lugar merecido para evolucionar. Por qué no se puede tener una sociedad organizada por ideología, al estilo de los barrios organizados por origen, chinatown, greek, italian, latin american, arab, thai, korean, japanese, que abundan en ciudades cosmopolitas como San Francisco, Toronto, Montreal y Nueva York. Podría proponerse una sociedad donde hay barrios anarquistas, socialistas, comunistas, capitalistas, liberales, conservadores, teístas; en cada barrio se reunirían aquellos que sienten preferencia por una determinada ideología, entre ellos deciden cómo comportarse y cuales son sus leyes; cuando se movilizan entre barrios, aceptan las condiciones de civilidad que permitan entender que todos somos humanos y debemos tener un comportamiento respetuoso con todos, sin perjudicar a nadie. Lo más importante de esta nueva sociedad es que ningún barrio está forzando a los demás a volverse como ellos y querer tomar el poder para obligarlos a cambiar su forma de comportamiento; la gente elije libremente mudarse al barrio de su preferencia.

<u>Consideraciones sobre la Sociedad</u>

Las sociedades tienen que identificar cuáles son los valores de la población, cuáles son las actividades que le dan sentido a la vida en comunidad. Toda sociedad necesita de actividades consensuadas para complacer el significado de la vida de sus habitantes. Tradicionalmente, se requieren actividades culturales, comerciales, educativas, intelectuales, científicas, de salud, de bienestar social, etc. Una cosa es qué es lo que se necesita y otra cosa es cómo se implanta; las ideologías tienen una orientación superficial del qué y una fuerte visión del cómo hacer las cosas. Hasta el presente, los seres humanos han intentado poner en práctica el qué utilizando distintos cómos con éxito relativo; siempre hay cabida para la crítica en todos los esfuerzos que se han hecho. El qué incluye todas las actividades productivas y no productivas necesarias mientras que el cómo define el tipo de gobierno, la organización, las decisiones y los tipos de control al funcionamiento social. Las sociedades deciden cómo favorecer a los ciudadanos para que logren sus fines de vida y es aquí donde entran las decisiones sobre el tipo de gobierno deseado. Lo principal es un conocimiento profundo de las características de los seres humanos, sus fortalezas y debilidades.

Importancia de la Sociedad

La sociedad es un invento humano que ha venido evolucionando al pasar de los años. Como todo invento humano, está sujeto a cambios para mejorarlo. Un problema grave de la sociedad es que en la mayoría de los casos los ciudadanos no poseen medios de participación eficiente en las decisiones del estado. La peor situación ocurre cuando los ciudadanos no tienen interés en participar en las decisiones que afectan a la sociedad; consideran que las decisiones son responsabilidad del gobierno. 'La sociedad no es la que define qué hace el individuo, es éste el que define los objetivos de la sociedad.'

La sociedad existe desde hace milenios, cada civilización interpreta la vida a su manera; algunas tratan de organizar una vida mejor. La sociedad no es un ente definitivo, está en constante evolución, los ciudadanos son los responsables de sugerir e implementar mejoras. Las características de la sociedad en que se vive y la comprensión de otras sociedades existentes en el planeta permite activar procesos de mejora constante de la sociedad. 'La sociedad debe facilitar la participación de los individuos y no convertirse en una hegemonía autoritaria que penaliza la diversidad.'

Sociedad Orientada al Trabajo

Para mucha gente, la sociedad solo debe centrarse en el trabajo productivo de generación de riqueza; sugieren que los humanos necesitan básicamente ganar dinero y mantener el sustento familiar. Este criterio es parcialmente cierto, pero recordemos que 'no solo de pan vive el hombre,' hay muchas otras actividades, no productivas, que deben realizarse para gozar de salud y felicidad. Otra alternativa es promover el trabajo en todas las áreas, no solo productivas de riqueza, sino también con actividades recreativas, deportivas, culturales, intelectuales, filosóficas, y sociales. Una sociedad que se mantiene ocupada en todas las actividades tiene mas probabilidades de proporcionar una mejor vida a sus ciudadanos. Una sociedad de este tipo colide con una sociedad que promueve el clientelismo, la ideología única, o el liderazgo inmerecido. El clientelismo crea sanguijuelas que viven del gobierno de turno sin producir ningún beneficio. La ideología única promueve el totalitarismo para mantener una visión de vida uniforme, equivocada, y por la fuerza. El liderazgo inmerecido coloca al mando a charlatanes que solo promueven su popularidad utilizando el populismo y la regalía para mantenerse en el poder.

Sociedad Benefactora

Algunos gobiernos convierten a la sociedad en benefactora, 'os doy beneficios (comida y servicios) para que votéis por mí y yo me mantendré en el poder por el resto de mis días.' Los benefactores consideran que el poder les da derecho a repartir los tesoros públicos haciendo ver que son solidarios, pero no precisamente para mejorar la vida de todos, sino con el fin de mantenerse en el poder indefinidamente. Creen que hacen el bien regalando comida y servicios sin una contraprestación del receptor, utilizando la riqueza de todos para criar flojos. Este tipo de sociedad es devorada por los parásitos que no contribuyen en nada al bienestar de todos. El aspecto benefactor de la sociedad solo se justifica para ayudar a que la gente sea autónoma e independiente, no para que sean aprovechados injustamente los tesoros públicos; el famoso dilema del pescador dando pescado o enseñando a pescar o el cuento de la cigarra y la hormiga. Se puede ayudar a la gente a emprender labores productivas para que sean ellos los que las realicen, sin necesidad de dádivas gubernamentales.

Las Personas Primero

Por cientos de años nos han hecho creer que la sociedad es más importante que el individuo, que la sociedad representa a la mayoría y los individuos son minoría, todo se hace en nombre del 'bien común.' Se toman decisiones en nombre de un concepto abstracto que es la sociedad, y los gobiernos se aprovechan de su poder para establecer medidas simplistas que no corresponden a las necesidades de los individuos; todas las leyes son uniformes, no toman en cuenta las diferencias. La economía se ha convertido en el criterio para la toma de decisiones políticas, los principios y valores humanos no cuentan, el ser humano no cuenta; si la economía va bien todos estamos bien según el lema. Sin individuos no hay sociedad, por lo tanto, la justificación de las decisiones tiene que ser por criterios humanos racionales y no por inventos burocráticos de la élite al mando.

La sociedad no es una entidad estable, pero está en constante evolución, nunca es la misma que fue en el pasado, siempre hay cambios, aunque sean pequeños. Los conservadores deben aceptar la posibilidad del cambio, si los individuos no están satisfechos con los resultados obtenidos en su área de participación, deben tener la oportunidad de proponer cambios que le proporcionen mejores condiciones de integración social. Nunca debe estar la sociedad por encima del individuo, son éstos los que deciden qué debe ser la sociedad y no al contrario. Aunque existan muchos intereses para mantener el status quo, los individuos son los que en definitiva deciden cuál es la sociedad que desean. El individuo es el que debería aceptar vivir en sociedad, para ello debe coincidir con los principios sociales reinantes; la sociedad no debe forzar a los individuos a aceptar lo que un grupo, probablemente poderoso, rico, o burocrático, ha impuesto en el pasado. Lo más importante es establecer los mecanismos para que la transformación pueda realizarse; cuando no hay posibilidades de cambio el ciudadano padece una crisis existencial.

El individuo sigue siendo el más importante en vista de que los principios humanos se justifican a nivel personal y social. La visión individual da importancia a la persona sobre la sociedad, ésta debe ser construida considerando la importancia de los individuos, y son éstos los que definen los límites sociales. Es común escuchar críticas al individualismo diciendo que no favorece a la sociedad, cuando es todo lo contrario; es bien sabido que hay individuos que aportan beneficios con un trabajo independiente, muchos filósofos y científicos entran en esta categoría. Un ejemplo bien conocido es el de Albert Einstein que trabajaba en solitario y produjo grandes aportes que han servido para comprender mejor el universo y su relación con la vida; otro ejemplo es Nietzsche que analizó la importancia del individuo para alcanzar su más alto desarrollo intelectual. Por supuesto, hay ciertas obras que requieren del trabajo mancomunado de muchas personas y el individualismo no se opone a ese enfoque ya que acepta que las personas colaboren con los grupos por voluntad propia.

Toda sociedad se verá afectada por la manera en que implementa los principios humanos. Unas sociedades se rigen por tendencias religiosas que redefinen la interpretación, por ejemplo, la biblia que utilizan los cristianos, o el Corán lo utilizan los musulmanes. Hay sociedades que se basan en criterios humanistas dando prioridad a la interpretación real y práctica de las situaciones; otras sociedades totalitarias se consideran creativas intentando innovar por la fuerza, aún a riesgo de empeorar la situación de la población.

La Familia

La familia es una institución natural que permite integrar a varios adultos en un grupo con objetivos comunes y que permite integrar nuevos miembros (usualmente neonatos o adoptados, o quizás familia extendida) con el convencimiento de todos los participantes. El funcionamiento de la familia tiene la ventaja de contar con cierta independencia de influencias externas; cada familia puede establecer sus propias reglas, distintas de otras familias. La influencia de la sociedad siempre existe, en vista de que no vivimos aislados, pero por lo menos se puede improvisar y generar un concepto familiar innovador distinto de las familias que nos rodean. 'La familia puede representar el mayor bastión para la aplicación de la libertad, siempre y cuando se respeten los valores humanos de todos los participantes; tiene sin embargo el grave problema de convertirse en un ejemplo patético de autoritarismo cuando los responsables malinterpretan los principios; el patriarcado y el matriarcado son los peores ejemplos de autoritarismo.'

Existencia de la Familia

La familia es una entidad útil para facilitar la evolución humana desde el nacimiento, la niñez, la adolescencia, hasta llegar a la adultez. Aunque siempre habrá personas que denigran de la institución familiar, es natural que las madres esten muy cercanas a sus hijos y los protejan lo más posible para que lleguen a ser adultos exitosos; los padres son un caso especial, los hay responsables con la familia y los hay irresponsables. La sociedad ha tratado de forzar la integración de los padres a la familia, y lo ha logrado en muchos casos. Aquellos padres irresponsables se ven obligados a soportar a sus familias aún en caso de divorcio. 'La familia sigue un proceso propio de desarrollo, la responsabilidad de los padres es total cuando la familia crece pero también se transforma con el tiempo a un simple proceso de solidaridad cuando los hijos alcanzan su autonomía.'

Problemas Generacionales

Aquellos que han tenido la oportunidad de formar una familia, tener padres y abuelos, tener hijos y nietos, saben que hay problemas generacionales graves que han perdurado por miles de años; las nuevas generaciones no aprovechan las experiencias de las viejas, los jóvenes no viven mejor ni son necesariamente superiores, aunque haya excepciones por supuesto. El problema generacional tiene un componente mental importante, algunos hijos o nietos no aceptan las reglas que se establecen en el círculo familiar y consideran que los padres lo han hecho todo mal, que los jóvenes son los únicos que saben, que los viejos están de adorno.

El tipo de vida de los ancestros no se repite en las nuevas generaciones, algunas veces se empeora otras se mejora; la vida particular de una familia es impredecible al paso de las generaciones. Aunque es común que los jóvenes sigan un patrón familiar similar al de sus padres, esa receta no se cumple estrictamente; muchos se convierten en las ovejas negras que nadie respeta. El modelo de vida cambia con el tiempo, no es posible tener continuidad; imaginarse que los hijos vivirán mejor que los padres ya no es una opción; y los sistemas sociopolíticos contribuyen a empeorar la situación en vista de que los gobiernos se preocupan por subsistir en el poder y no por mejorar la sociedad.

Habilidades en la Sociedad

Una lista de las habilidades requeridas de las personas que contribuyen en la sociedad se dejan para la investigación del lector. Liderazgo, trabajo en equipo, gerencia, emprendimiento, organización, disciplina, motivación, eficiencia, negociación, reconciliación, procesos metódicos, solución de problemas, modelos mentales, influencia emocional, evitar sesgo cognitivo, fomentar mente crítica, concentrarse en las causas, buscar soluciones, y tener humildad intelectual.

Comprendiendo los Desafíos

Los seres humanos se enfrentan a variados desafíos que requieren ser analizados y resueltos. Hay muchas maneras de evaluar el mundo que nos rodea, una forma sistemática sugiere identificar los hechos (eventos, problemas, dificultades), interpretar su significado (modelos racionales), identificar las reacciones emocionales (rabia, angustia, envidia, etc.), y basados en todo lo anterior, establecer unos fines que nos permitan reaccionar ante los hechos y resolverlos (acción, solución, resultado).

Los hechos son las afirmaciones verificables de manera objetiva e independiente, son pruebas de la situación o de lo sucedido. En general, no tienen un contenido emocional, son específicos, describen la situación dentro de un contexto; puede tratarse de un discurso que propone una idea, o pueden ser elementos más concretos como fotos, videos, grabaciones de audio, escritos publicados, huellas digitales, etc.

Las interpretaciones representan la reacción normal del cerebro para percibir los hechos según la experiencia personal y el conocimiento para darle un significado o intención a esos hechos. La interpretación puede ayudarnos a favorecer u oscurecer el sentido de los hechos. Para interpretar algo, recurrimos a nuestros modelos cognitivos sobre el estilo de la relación.

Las reacciones emocionales se producen cuando nos inclinamos hacia una determinada interpretación y sopesamos el impacto que produce personalmente o socialmente, sea éste de vergüenza, angustia, rabia, preocupación, decepción.

Los fines son los objetivos esperados, están determinados por el análisis de la interpretación y las emociones expresadas, corresponden al juicio que realizamos de la situación y las acciones que se recomiendan para lograr soluciones.

Venezuela Abandonada

La política está muy relacionada con las relaciones humanas, la economía, la diplomacia, por mencionar solo tres. Un ejemplo traumático se presenta en Venezuela y sirve para explicar las etapas de solución de conflictos. Venezuela tiene un gobierno que se autocalifica de socialista del siglo XXI, toda la economía gira alrededor del estado, éste realiza el 95% de las importaciones, impone controles de precios, hay hiperinflación, hay escasez y desabastecimiento de productos. Las sanciones impuestas por Estados Unidos y La Unión Europea afectan la producción petrolera ya que no hay compañías que extraen el petróleo y el gobierno abandonó las instalaciones existentes. El gobierno se siente en una disyuntiva, radicalización tipo Cuba o apertura económica como China.

Hechos

En los últimos dos o tres años, el gobierno se replegó del control de la economía, desapareció el crédito bancario, el dólar comenzó a circular libremente. Los empresarios tuvieron que empezar a tomar decisiones independientes, sin la protección del gobierno; éste no sabía como dejar de controlar y dejó a todos, empresarios y pobres que se las arreglaran por su cuenta.

La actividad privada controla ahora el 95% de las importaciones y en apariencia estamos convirtiéndonos en una economía liberal de mercado.

Sin embargo, no hay confianza en el estado, en cualquier momento puede revertirse la ecuación y de un golpe volver a la economía intervencionista.

Participantes: gobierno ilegítimo, gobierno interino, empresarios, pobres; Estados Unidos, Unión Europea, países vecinos.

Crisis: La crisis se presentó cuando faltaron recursos para mantener las políticas de bienestar social y el gobierno tuvo que aceptar la liberación de la economía; los comerciantes decidieron arriesgar sus inversiones e importar productos y los pobres se convirtieron en bachaqueros para ganarse unos churupitos a costa del resto de la población.

Interpretación

Cada uno de los participantes interpreta a su manera los eventos ocurridos. El gobierno ilegítimo aprovecha la oportunidad para simular la experiencia china, en una aventura económica sin sustento profesional. El gobierno interino trata de mantenerse a flote a pesar de no haber cumplido con el mandato que le dio el pueblo para cambiar al gobierno. Los países desarrollados tratan de seguir colaborando con el retorno a la democracia pero no ven resultados concretos. Los países vecinos tratan de mantener cierta diplomacia que mejore sus relaciones comerciales.

Reacciones Emocionales

La población es la que sigue sufriendo los embates del desastre económico y social que los rodea; no se vé la luz al final del túnel. Los empresarios siguen viviendo más o menos igual que siempre, compran barato y venden caro. El gobierno actúa como un animal herido, se enconde, esperando a ver si dan resultado las medidas pero siempre está dispuesto a sacar las uñas en cualquier momento y regresar a los controles del pasado.

Los Fines

El proceso ficticio que vive el país no tiene asidero sólido para perpetuarse. La gente no tiene otra oportunidad que seguir los lineamientos impuestos por el gobierno que manda. El regreso a la democracia dependerá de los compromisos que los factores de poder estén dispuestos a aceptar. Hoy día, la única opción es participar en las elecciones del 2024; la transición requerirá de acuerdos de convivencia que se concentren en el mejoramiento de las condiciones de vida, económica y social, de los habitantes.

Aspectos más resaltantes del Capítulo 4: La Sociedad

- Las sociedades son comunidades inventadas, compuestas por al menos decenas de miles de personas, que contribuyen anónimamente con las necesidades básicas de supervivencia, cobijo, compañía y seguridad

- Las sociedades están conformadas por personas, algunas se conocen personalmente, otras no se conocen en absoluto; las personas creen que sí se conocen ya que usan las contribuciones de los demás o tienen la oportunidad de contribuir con otros
- Nacemos dentro de una sociedad ya establecida, no hemos participado en su concepción, estamos básicamente obligados a seguir los criterios existentes
- Para mucha gente, la sociedad solo debe centrarse en el trabajo productivo de generación de riqueza; sugieren que los humanos necesitan básicamente ganar dinero y mantener el sustento familiar. Este criterio es parcialmente cierto, pero recordemos que 'no solo de pan vive el hombre'
- Algunos gobiernos convierten a la sociedad en benefactora, 'os doy beneficios (comida y servicios) para que voteis por mí y yo me mantendré en el poder por el resto de mis días.' Los benefactores consideran que el poder les da derecho a repartir los tesoros públicos haciendo ver que son solidarios, pero no precisamente para mejorar la vida de todos, sino con el fin de mantenerse en el poder indefinidamente
- Las personas primero. Por cientos de años nos han hecho creer que la sociedad es más importante que el individuo, que la sociedad representa a la mayoría y los individuos son minoría, todo se hace en nombre del 'bien común'
- La familia es una institución natural que permite integrar a varios adultos en un grupo con objetivos comunes y que permite integrar nuevos miembros (usualmente neonatos o adoptados, o quizás familia extendida) con el convencimiento de todos los participantes
- La familia es una entidad útil para facilitar la evolución humana desde el nacimiento, la niñez, la adolescencia, hasta llegar a la adultez
- Problemas Generacionales. Hay problemas generacionales graves que han perdurado por miles de años; las nuevas generaciones no aprovechan las experiencias de las viejas, los jóvenes no viven mejor ni son necesariamente superiores
- Algunas habilidades en sociedad: Liderazgo, Gerencia, Emprendimiento, Organización, Disciplina, Motivación,

Eficiencia, Negociación, Reconciliación, Procesos Metódicos, Solución de Problemas, Modelos Mentales, Influencia Emocional, Evitar Sesgo Cognitivo, Fomentar Mente Crítica, Concentrarse en las Causas, Buscar las Soluciones, Humildad Intelectual

- Comprendiendo los Desafíos. Identificar los hechos (eventos, problemas, dificultades), interpretar su significado (modelos racionales), identificar las reacciones emocionales (rabia, angustia, envidia, etc.), y basados en todo lo anterior, establecer unos fines que nos permitan reaccionar ante los hechos y resolverlos (acción, solución, resultado)

- Venezuela abandonada: Venezuela tiene un gobierno que se autocalifica de socialista del siglo XXI, toda la economía gira alrededor del estado, éste realiza el 95% de las importaciones, impone controles de precios, hay hiperinflación, hay escasez y desabastecimiento de productos

Capítulo 5: Apoyo Emocional

Los políticos requieren de herramientas para entender las emociones de los ciudadanos y así poder dirigir sus políticas a la solución de los problemas sociales. Las emociones son guías intuitivas de nuestros juicios éticos y morales. Las emociones que sentimos definen quiénes somos, qué nos afecta, cuándo actuamos y por qué. Las emociones pueden ser fugaces y desaparecer rápidamente pero en la mayoría de los casos dejan secuelas, ellas influyen en nuestras más profundas creencias y valores. Las emociones influyen en nuestras relaciones personales, nuestra forma de vida, en las decisiones que tomamos, en las carreras que estudiamos, en los métodos para resolver conflictos, en las artes y las ciencias que preferimos, en la comida que nos satisface, en la familia que decidimos establecer y mantener, así como en el resto de actividades que realizamos individualmente y en sociedad.

La búsqueda del significado de la vida requiere implicarnos con las emociones en vista de que hay componentes personales y culturales que las afectan. Las emociones son un reflejo de nuestros más profundos compromisos, y están conectadas con nuestro sistema nervioso. Paul Ekman fue un pionero de la investigación en ciencias del afecto, así logró comprender mejor el lugar de los distintos estilos emocionales de las personas, su efecto en el cerebro y su función en la vida social; realizó comparaciones entre humanos y simios para contrastar ambos contextos y entender mejor el efecto de las emociones. Ekman utilizó seis emociones básicas: rabia, asco, miedo, satisfacción, tristeza, y sorpresa, sin embargo, la lista de emociones es mucho más extensa. [Keltner 2010]

<u>Emociones y Sentimientos</u>

Las emociones y los sentimientos son términos relacionados pero distintos; las emociones son instantáneas, sorpresivas, espontáneas; los sentimientos son sintetizados, almacenados, predeterminados. Las emociones se producen en momentos precisos cuando nos enfrentamos a una situación real o imaginaria, tenemos un choque o nos informan que un familiar cercano falleció, o pensamos en un amigo que ha sido injustamente condenado a prisión por motivos políticos. Por ejemplo, vamos en nuestro auto bordeando una plazoleta y nos chocan o casi nos chocan, sentimos miedo o rabia dependiendo de si fuimos sorprendidos o si notamos mala praxis o mala intención del otro conductor. La circulación en las plazoletas a que me refiero se hace en el sentido contrario a las agujas del reloj en los países donde el volante está del lado izquierdo del auto y tiene preferencia el conductor que ya se encuentra dentro de la plazoleta, por lo tanto, los otros conductores que se preparan a entrar deben ceder el paso al que está bordeandola. He tenido experiencias directas en esas dos situaciones, en una me chocaron por el lado derecho cuando ya estaba por salir de la plazoleta, fue una sorpresa bastante desagradable, pegué un grito puesto que no esperaba tamaña falta; en el otro caso, un conductor me cruzó dentro de la plazoleta, no está permitido cruzar desde el canal derecho al izquierdo (cuando hay dos canales) para bordear la plazoleta, en ese caso me dio rabia porque, aunque no choqué gracias a mis buenos reflejos, tuve que girar a la izquierda dentro de la plazoleta para evitar el choque.

Los sentimientos son patrones de comportamiento que aprendemos con el tiempo después de sufrir una serie de emociones reales o imaginarias, podríamos llamarlos previsión al futuro. La acumulación de experiencias emocionales nos hace establecer sentimientos que nos ayudan en nuevas ocasiones, tomamos precauciones para protegernos de un daño potencial. Por ejemplo, creamos un sentimiento de prudencia al entrar y circular en una plazoleta ya que las experiencias anteriores, miedo y rabia, nos vuelven más cuidadosos en el futuro. Los sentimientos requieren reflexión y convencimiento, son estructuras en el subconsciente para usarlas en situaciones parecidas; las emociones se expresan en el momento mismo de la ocurrencia de un evento, son principalmente instintivas, cada persona tiene una reacción distinta ante un determinado evento.

La manera en que nos comportamos en este mundo es el resultado final de las conclusiones emanadas de nuestras emociones y sentimientos. Comprender la diferencia entre ambos grupos nos permite entendernos y comprender también a la gente que nos rodea. Los objetos y las personas que nos rodean generan emociones, éstas son fenómenos naturales esenciales para la supervivencia. Cuando encontramos algo desconocido utilizamos un rango de sensaciones, tales como, curiosidad o miedo para entender qué sucede; cuando le ponemos un nombre a lo desconocido, lo convertimos en un símbolo con significado, las emociones se funden y asocian a los objetos o personas. Cuando le damos un nombre a un objeto, se convierte en una 'cosa,' pero sobre todo adquiere 'significado.' Con el transcurso del tiempo, las emociones pueden ser simples, tal como, 'me gusta,' o 'me disgusta,' o 'me es ambivalente,' pero en todos los casos hay un significado que se le asigna, por lo tanto, no hay nada sin significado. El significado que le damos a la vida está influido por las emociones y sentimientos, la experiencia en sociedad se justifica cuando estamos satisfechos, nos da razones para existir. Este aspecto es importante en vista de que en los ambientes ideológicos se manejan mucho los términos simplistas: izquierda, derecha, centro, ultras, y las personas le asignan un significado para interpretar lo que sucede en la política y en la sociedad.

<u>Analizar Principios según las Emociones y Sentimientos</u>

Los principios humanos se expresan con emociones positivas o negativas dependiendo de las situaciones específicas. Las emociones positivas se relacionan con experiencias agradables, entendiendo la situación como beneficiosa. Las emociones negativas se presentan ante experiencias desagradables, considerando la situación como dañina, preparando a la gente a la confrontación o a la huida. Los sentimientos dan lugar a pensamientos libertarios o totalitarios dependiendo del caso, favorecer la oportunidad en lugar de la igualdad obligada, desear justicia ante futuros eventos, sentirse fraterno ante los demás, aspirar a la solidaridad y al trabajo comunitario, son ejemplos.

Veamos con más detalle los casos relacionados a la libertad, la igualdad y la fraternidad. El objetivo del análisis es sensibilizar a los políticos con las inquietudes de los ciudadanos, recogiendo las experiencias sufridas por éstos y la visión que manifiestan sobre los inconvenietes de su vida y su futuro; identificando los principales principios y haciendo el análisis de emociones y sentimeientos es posible identificar las áreas que requieren de mejoras.

Libertad

Emociones – libertad: si los eventos son positivos, por ejemplo, en un evento preciso tenemos la experiencia de sentirnos libres de expresarnos, de elegir morada, de trabajar en lo que queremos; podemos sentir satisfacción, ilusión, alegría, o entusiasmo. Si los eventos son negativos, por ejemplo, en un evento preciso nos limitan nuestro campo de acción, nos discriminan por motivos políticos; podemos sentir rabia, decepción, indignación, tristeza, impotencia, confusión, o resignación.

Sentimientos – libertad: si las situaciones son positivas, por ejemplo, por la experiencia vivida tenemos esperanza en el futuro, tenemos fé en el progreso observado; podemos estar satisfechos por vivir en libertad, tener esperanza en un futuro libertario, sentir que se ha hecho justicia durante largo tiempo, considerar que somos felices con el gobierno que elejimos. Si las situaciones son negativas, por ejemplo, sabemos que vivimos en un país totalitario, que se violan los derechos humanos, que no hay mejoras tangibles en la vida; podemos estar insatisfechos, resignados por nuestra suerte, aceptar que se cometen injusticias, proponernos a luchar por mejorar la situación.

Igualdad

Emociones – igualdad: si los eventos son positivos, por ejemplo, participamos en actividades según nuestras destrezas, hay justicia en los salarios; estamos satisfechos por ser tratados con justicia, contamos con bienestar, la esperanza, el agradecimiento o la aceptación se manifiestan en cada ocasión. Si los eventos son negativos, por ejemplo, el dinero no nos alcanza, no nos brindan oportunidades; actuamos con envidia, estamos preocupados, con rencor, decepción, preocupación, desesperación, frustración, o angustia.

Sentimientos – igualdad: si las situaciones son positivas, por ejemplo, hemos tenido oportunidades de participar, nos han tratado con justicia; sentimos esperanza gracias a la inclusión igualitaria, sentimos que se hace justicia a los necesitados. Si las situaciones son negativas, por ejemplo, hemos vivido en la injusticia, hemos comprobado que no hay equidad; sentimos frustración por que no hay igualdad, sabemos que hay que luchar por la igualdad, y comprendemos lo difícil que es lograr la igualdad.

Fraternidad

Emociones – fraternidad: si los eventos son positivos, por ejemplo, en un momento preciso nos ayudaron cuando lo necesitábamos, que colaboramos ayer con otros para sacarlos del atolladero; podemos sentir satisfacción, motivación, agradecimiento, o entusiasmo. Si los eventos son negativos, por ejemplo, decretan ayudas económicas solo los partidarios del gobierno, nos niegan una promoción a fin de año por no ser leales al gobierno; podemos sentir ansiedad, disgusto, ira, odio, tristeza, impotencia, confusión, frustración, o resignación.

Sentimientos – fraternidad: si las situaciones son positivas, por ejemplo, durante meses nos han dejado decidir voluntariamente cuando colaborar, en los últimos meses sentimos que nuestra ayuda fue bien recibida, en los últimos años hemos agradecido la fraternidad recibida, hemos sido motivados a ser fraternos en nuevas situaciones; sentimos satisfacción por las tareas solidarias realizadas y por la libertad de decidir cuando queremos contribuir. Si las situaciones son negativas, por ejemplo, nos han obligado a colaborar, comprobamos que se pierde el esfuerzo dedicado a la ayuda; podemos sentir frustración al no lograr los objetivos fraternales, odio hacia las personas que nos obligan a colaborar, tristeza por la forma en que los humanos actúan, considerar injusta la posición de los que no colaboran.

Modelo Interactivo Persona-Mundo

La importancia de las emociones y sentimientos se refleja en la forma en que interactuamos con el resto de las personas, objetos, y ambiente que nos rodea. Carl Jung realizó estudios de personalidad y propuso una teoría de tipos psicológicos para caracterizar a las personas de acuerdo con varios patrones de personalidad. Las funciones psicológicas identificadas por la teoría fueron:

- Extrovertido o Introvertido
- Sensación o Intuición
- Pensamiento o Sentimiento
- Juzgando o Percibiendo

Esas categorías fueron utilizadas por Myers-Briggs para generar un indicador de personalidad. Ese modelo lo he adaptado a la interacción personas - mundo, en el estudio de las ideologías. Los elementos del modelo se utilizan para focalizar nuestra atención, analizar la información disponible, tomar decisiones y manejar las presiones provenientes del mundo que nos rodea. El modelo define dos extremos en cada categoría que permiten definir la forma de analizar y resolver las situaciones. Hay personas que se asocian exclusivamente a un determinado extremo y otras que toman una combinación de ambos; los modelos son herramientas para ayudarnos a comprender las situaciones pero la realidad demuestra que nuestros puntos de vista pueden asociarse a un solo extremo, o considerar ambos extremos.

Focalizar Nuestra Atención

La categoría introvertido - extrovertido identifica la actitud general sobre lo que consideramos importante según nuestra forma de interpretar las situaciones; la explicación extrovertida focaliza la importancia en lo que sucede en el mundo que nos rodea; la explicación introvertida se focaliza en las ideas e impresiones intrínsecas, internas, personales, que tenemos sobre lo que es el mundo o lo que interpretamos debería ser el mundo.

Versión Introvertida

La explicación introvertida se focaliza en las ideas e impresiones intrínsecas que hacemos sobre lo que es el mundo o lo que interpretamos que ocurre en el mundo. Por ejemplo, las personas analizan la libertad de acuerdo a su conocimiento, su cultura, sus experiencias, y sus maneras de analizar las situaciones. No se trata de analizar la realidad tal como luce, sino que usamos nuestros conocimientos previos, por ejemplo, un modelo libertario que hemos elaborado en el tiempo o que producimos improvisadamente. Cuando ocurren eventos que llaman nuestra atención, relacionados a la libertad, se recurre al modelo establecido y se compara con la realidad, si hay coincidencia, se interpreta que los eventos son favorables, en otro caso se piensa que son desfavorables; se puede improvisar cuando no poseemos un modelo predefinido, ese modelo libertario tomará en cuenta diversos factores almacenados en nuestro subconsciente para establecer un nuevo criterio y definir cómo actuar.

Qué ha venido pasando durante los últimos años en latinoamérica, la versión introvertida indicaría que la gente aborrece los regímenes de izquierda, socialismo o comunismo, por lo tanto, ya tienen una concepción clara sobre lo que significa estar en un país socialista o comunista; utilizan un modelo predeterminado que elimina la izquierda como alternativa por su mala ejecución en Europa, Asia y África. Los millones de muertos en la Unión Soviética y China indican claramente la maldad (en nombre de la bondad) de los regímenes totalitarios de izquierda.

Versión Extrovertida

La explicación extrovertida focaliza la atención en el mundo real que nos rodea. Aquí se trata de analizar la situación de acuerdo a la realidad que observamos. Sobre la libertad es necesario conocer la evolución del mundo, muchos son los países que viven en libertad pero muchos más están sometidos a regímenes autoritarios. Una versión pragmática del asunto indica que si hay tantos países con gobiernos totalitarios y que funcionan, al menos en apariencia, entonces significa que son una alternativa factible. No importa lo que creamos sobre la importancia de la libertad para el ser humano, lo que importa es que el modelo totalitario da buenos resultados pues se toman decisiones rápidas sin tener que esperar la aprobación de la gente.

Qué ha venido pasando durante los últimos años en latinoamérica, la versión extrovertida indica que sí hay una tendencia hacia la instauración de regímenes de izquierda y es porque hay algo de bueno en esos sistemas, la gente contribuye con su apoyo a esa tendencia; en este análisis no hay un modelo predeterminado que elimina a la izquierda como alternativa por su mala ejecución en Europa, Asia y África, sino que razona que en Cuba es una realidad que se mantiene el comunismo; en Venezuela y Nicaragua persiste, por la fuerza, el modelo del Socialismo del Siglo XXI; en Argentina, Chile y Perú triunfó un presidente izquierdista; en Colombia triunfó Petro y en Brasil está Lula con mucho chance de ganar, entonces la conclusión extrovertida es que la alternativa a buscar es un gobierno de izquierda.

Analizar la Información

Las creencias que tenemos del mundo que nos rodea y de dónde se toma la información: uso de los sentidos – intuición. Una utiliza los cinco sentidos físicos para recopilar la información disponible, aquí y ahora; la otra utiliza la intuición para establecer patrones y tendencias que definen la vista global del problema y el impacto futuro.

Uso de los Sentidos

Usando los sentidos, solo se cree en la información obtenida del mundo exterior, eso es lo que consideran importante. Hay una tendencia a ser realista y práctico, y a tomar en cuenta la experiencia en lugar de la teoría. El orden y la rutina son bienvenidos, y aunque son estables, pueden adaptarse rápidamente a los cambios; se focalizan en el presente, el aquí y el ahora, son prácticos, usan la experiencia y observan el mundo real encontrando explicaciones pragmáticas.

Si observamos con detalle, esa es una definición posible de un político, se concentra en satisfacer a sus electores para conservar el cargo, ofrecen regalías para que los partidarios sigan votando por ellos, tienen un ojo político para aprovechar las crisis; su visión es a corto plazo en vista de que desean dar resultados ahora y no esperar tantos años para cuando ya no estén al mando. Ante alternativas complejas, prefieren alternativas simples, que la mayoría entienda, y así cultivan su ego de buenos gerentes que necesita el país, aunque al final sus soluciones sean desechadas rápidamente.

Las políticas de bienestar social son bien conocidas en las democracias capitalistas y en las socialdemocracias. Esas políticas consideran que la pobreza puede reducirse dándole a los pobres y desaventajados una asistencia económica que disminuya su pobreza y con el tiempo comiencen a apañarse y no necesiten de más bienestar social. La convicción es que hay pobreza ahora y aquí, por lo tanto hay que tomar medidas para paliar esta situación.

Uso de la Intuición

Usando la intuición se enfocan múltiples alternativas, se consideran las ideas, la abstracción, la imaginación, las posibilidades; pueden ser dirigidos por soñadores, que visualizan erróneamente los resultados potenciales. Se interesan en nuevos retos, experiencias y situaciones. Imaginan la situación completa en lugar de concentrarse en los detalles. Aprecian las teorías que proponen nuevas visiones.

Al nivel político, los que usan la intuición suelen ser los filósofos, aquellos que poseen una mayor imaginación para detectar los defectos, a largo plazo, de las medidas tomadas. Son aquellos que han estudiado la historia y la han entendido, están al día con las nuevas tendencias políticas que emiten las mentes brillantes; plantean visiones que brotan de una mayor comprensión del ser humano y que no se basan en el simple interés de conservar un cargo.

Desde la perspectiva intuitiva, las políticas de bienestar social reconocen la existencia de la pobreza pero analizan la diversidad de los seres humanos, hay unos que sí pueden independizarse mientras que otros permanecen dependientes de las regalías públicas. El bienestar debe administrarse formando a las personas para que recuperen su autonomía, no es el voto en las próximas elecciones el que interesa, sino la educación de las personas para que desplieguen iniciativa y se ganen el sustento con su propio esfuerzo.

Tomar Decisiones

El proceso de tomar decisiones implica definir cómo procesamos la información disponible: uso de la lógica (pensamientos) – la gente y las circunstancias (sentimientos). La toma de decisiones implica darle importancia al proceso lógico razonado, siendo racional y consistente, estableciendo estructura, definiendo las funciones necesarias, y considerando la situación y los objetos; utilizar la lógica y la consistencia promueve el razonamiento lógico y la causa – efecto de las decisiones. La otra opción es centrarse en la gente, sus emociones y las circunstancias particulares, evitando el conflicto; emplear la orientación hacia la gente y las circunstancias toma en cuenta los valores y las características subjetivas de las personas involucradas, enfatizando las emociones.

Uso de Lógica

Procesando la información utilizando la lógica y la consistencia de la situación implica observar los eventos desde perspectivas objetivas, sin influencia emocional. En latinoamérica han ocurrido cambios ideológicos durante años, donde las ideas socialcomunistas se han sembrado ena algunos países. Cuba fue el primer país latinoaméricano en recibir influencia foránea desde la Unión Sovietica. Luego fueron Venezuela y Nicaragua, una con el socialismo absurdo y la otra por un gobierno populista totalitario. Han sido unos cuantos los líderes que han triunfado en el resto de América, aludiendo a sus ideas socialcomunistas. Ecuador, Bolivia, Argentina y Brasil han sido ejemplos. Sin embargo, una característica que los distingue de Cuba, Nicaragua y Venezuela es que los gobiernos han seguido la política tradicional sin dejarse llevar por los líderes de izquierda. Ya conocemos la suerte del expresidente Castillo en Perú que olvidó el sombrero cuando intentó un autogolpe y fue derrocado.

Considerar la Gente y sus Circunstancias

Procesando la información basados en nuestras emociones y sentimientos, tomamos en cuenta a la gente y las circunstancias. ¿Qué ha venido pasando durante los últimos años en latinoamérica? Basándonos en emociones y sentimientos nos dejamos llevar por la injusticia de los gobiernos democráticos que no han solucionado los problemas existentes, nuestras emociones nos ciegan, pensamos que no importa que tan mala sea la izquierda como alternativa, es mejor que lo que existe actualmente; algunos ciudadanos aceptan modelos caducos como el socialismo y el comunismo impulsados por ese descontento. Son personas frustradas por su mala condición social y que utilizan el voto para vengarse de la mala gestión de los gobiernos anteriores. No lo hacen por convencimiento de que el socialismo y comunismo sean la solución sino para llevar la contraria y favorecer a aquellos que divergen del status quo. Es por esto que muchas veces triunfan políticos recién llegados a la escena, son desconocidos que están también en contra de lo que se ha hecho; piensan que los cambios se justifican aunque no garanticen buenos resultados.

Manejar Presiones

La visión que tengamos de la vida afecta la estructura imaginaria del mundo que nos rodea, se hacen juicios y definen percepciones; cómo manejamos las presiones, cómo entendemos la estructura real o imaginaria del mundo que nos rodea: haciendo juicios – utilizando percepciones. Hacer juicios está caracterizado por tomar decisiones rápidas, sin tomar en cuenta todos los factores; prefieren el orden y la estructura, planeando las actividades con mucho detalle. Emplear juicios establece una visión predefinida de la vida, sin sorpresas, misterios o ambigüedad, sin cambios de la historia, la tradición o las costumbres; son firmes en sus decisiones, tienen opiniones fuertes, y en general siguen las reglas. Una visión perceptiva involucra enfrentar las situaciones con mente abierta, utilizando los impulsos, respondiendo a las nuevas variables y situaciones cambiantes, utilizando enfoques de vida flexibles y espontáneos; no se favorece la organización y estructura, prefiriendo flexibilidad y adaptación, la toma de decisiones se convierte en una actividad compleja.

Uso de Juicios

El uso de juicios define cómo se implanta la información procesada: por ejemplo, se requiere de una organización y unos planes para implantar un enfoque que garantice la continuidad de los gobiernos. Para penalizar la disidencia contra el régimen chavista venezolano el gobierno inventó la ley del odio, que entre muchas penalidades, impide la protesta de la oposición venezolana. La Ley Contra el Odio fue aprobada por el gobierno chavista de Nicolas Maduro en 2017: todo aquel que fomente, promueva o incite al odio, la discriminación o la violencia públicamente será sancionado con prisión de 10 a 20 años. La ley define al país como 'un territorio de paz, contrario a la guerra y la violencia en todas sus formas.' Todo ha sido planificado para perjudicar a los opositores y que no haya ningún tipo de reclamo contra el gobierno.

Todo gobierno que no gobierna sabe que es criticado, sabe que la gente no lo quiere y que desean un cambio, por lo tanto, establecen estrategias para sembrar la desinformación y eliminar a los opositores. El gobierno sigue las experiencias conocidas en países que han subyugado a su población; Cuba es uno de los ejemplos principales de control absoluto de los ciudadanos en latinoamérica, tienen mas de 60 años en el poder, saben como dominar a la gente. Venezuela tomó ese ejemplo y lo instauró, perjudicando a todos. Esa ley contra el odio fue elaborada sin acudir a la consulta popular, y está orientada a limitar la libre expresión en todos los medios de comunicación y penaliza a los ciudadanos que osan expresarse libremente contra las medidas gubernamentales.

Uso de Percepciones

Cómo se implanta la información procesada: se inclina a la improvisación y exploración de nuevas alternativas. El gobierno debería haber dado oportunidad de participación a la sociedad en las grandes decisiones que se han tomado en los más de veinte años del nefasto régimen, la ley contra el odio no es excepción. La camarilla que controla al país decide por su cuenta mientras la sociedad se dedica a subsistir ante las gigantescas carencias. La percepción que tiene la población sobre la ley contra el odio es que amedrenta a los venezolanos para que no protesten contra el gobierno. Es evidente que el gobierno totalitario desea mantenerse en el poder a toda costa, por lo tanto, evitar la crítica significa mantener a la población desinformada sobre lo que ocurre. Hoy día están presos cuatro estudiantes por haber recordado la memoria de Neomar Lander, asesinado por el régimen en las protestas del año 2017. Es demasiado evidente el objetivo de una ley punitiva como la ley contra el odio, desean mantener sumisa a la población fomentando el terror. Si existiese un gobierno democrático, el uso de la percepción sugeriría la eliminación de la punitiva ley y en su lugar implantar un código de ética que favorezca la negociación para encontrar salidas a la severa crisis que enfrenta el país. El odio generado por el gobierno no se eliminará hasta que no cesen los encargados de fomentar ese sinrazón, la élite socialista absurda es la culpable de todos los males.

Aspectos más resaltantes del Capítulo 5: Apoyo Emocional

- Las emociones ayudan a entender a los ciudadanos, son guías intuitivas de nuestros juicios éticos y morales. Las emociones que sentimos definen quiénes somos, qué nos afecta, cuándo actuamos y por qué
- Las emociones son un reflejo de nuestros más profundos compromisos, y están conectadas con nuestro sistema nervioso. Existen seis emociones básicas: rabia, asco, miedo, satisfacción, tristeza, y sorpresa, sin embargo, la lista de emociones es mucho más extensa
- Las emociones y los sentimientos son términos relacionados pero distintos; las emociones son instantáneas, sorpresivas, los sentimientos son sintetizados, predefinidos
- Los sentimientos son patrones de comportamiento que aprendemos con el tiempo después de sufrir una serie de emociones reales. La acumulación de experiencias emocionales nos hace establecer sentimientos que nos ayudan en futuras ocasiones
- Cuando encontramos algo desconocido utilizamos un rango de sensaciones, tales como, curiosidad o miedo para entender de qué se trata; cuando le ponemos un nombre a lo desconocido, lo

convertimos en un símbolo con significado, las emociones se funden y asocian a los objetos o personas

- Los sentimientos relacionados a los principios humanos y las emociones comunes de las personas dan lugar a pensamientos libertarios o totalitarios dependiendo del caso, favorecer la oportunidad en lugar de la igualdad obligada, desear justicia ante futuros eventos, sentirse fraterno ante los demás, aspirar a la solidaridad y al trabajo comunitario, son ejemplos
- Utilizando principios, se identifican las emociones y sentimientos de los ciudadanos y se puede proceder a promover políticas que mejoren la vida de los ciudadanos
- La interacción personas – mundo se aplica al estudio de las ideologías. Los elementos del modelo se utilizan para focalizar nuestra atención, analizar la información disponible, tomar decisiones y manejar las presiones provenientes del mundo que nos rodea
- Focalización. Focalizando la importancia de lo que sucede en el mundo que nos rodea corresponde a la explicación extrovertida
- Análisis. Aquí se manifiestan las creencias que tenemos del mundo que nos rodea y de dónde se toma la información: uso de los sentidos y la intuición
- Decisiones. El proceso de tomar decisiones implica definir cómo procesamos la información disponible, usando la lógica (pensando) y la gente y las circunstancias (sentimientos)
- Presiones. La implantación de la información procesada define la visión que tenemos de la vida, cómo manejamos las presiones, cómo entendemos la estructura real o imaginaria del mundo que nos rodea: haciendo juicios – utilizando percepciones

Capítulo 6: Apoyo Filosófico

Los políticos requieren de herramientas para entender el significado de la vida en sociedad y para comunicar con argumentos convincentes sus ideas. La filosofía estudia las verdades fundamentales que afectan a los seres humanos y su interacción con el mundo que los rodea; las principales decisiones filosóficas que tomemos influyen en la supervivencia, la trascendencia y la sabiduría, considerando las verdades y dudas que nos afectan. Filosofía significa literalmente 'amor por el conocimiento,' comprender la importancia de las cosas que hacemos de acuerdo al contexto; 'pensar sobre lo que pensamos;' estudiar los principios que rigen la vida, mejorando y profundizando en nuestras conclusiones; definir estándares de acuerdo con la evidencia sin dejarse llevar por los prejuicios; establecer métodos racionales de solución de conflictos que garanticen la coexistencia; y la creación de técnicas para evaluar ideas y argumentos para facilitar la toma de decisiones. La filosofía tiene que ver, entre otros, con la vida (cómo vivir), la importancia del conocimiento (epistemología), la comprensión de la metafísica (identificar la esencia de las cosas que existen), la ética (el comportamiento humano), la estética (amor por las cosas bien hechas, el arte y la literatura) y el razonamiento (la lógica de las cosas). Esa lista puede seguir creciendo, incluyendo, en nuestro caso, la importancia de la filosofía en la política.

La filosofía, a diferencia de la ciencia, responde preguntas fundamentales y abstractas sobre cosas o eventos en la naturaleza; se utilizan procesos reflexivos en lugar de experimentos, aunque puedan usarse métodos similares a los de las ciencias naturales. La filosofía nos enseña que las cosas no son siempre lo que parecen, aprendemos sobre nosotros mismos a medida que maduramos, y reflexionamos inteligentemente sobre las grandes preguntas de los seres humanos: por qué existimos, quiénes somos, cómo debemos vivir, cuál es el significado de la vida, qué es la verdad, cuál es la naturaleza de la mente y cómo se generan los pensamientos.

<u>Las Ramas de la Filosofía</u>

La filosofía se divide en varias ramas: La axiología, la epistemología y la metafísica. Esas ramas permiten precisar el tipo de preguntas a realizar en las áreas que nos interesan, qué es lo que valoramos, qué sabemos, y cómo identificamos lo esencial.

La Axiología

La axiología estudia la importancia del valor, la investigación de su naturaleza, criterios y estatus metafísico. El valor es la importancia que le damos al cumplimiento de algún deseo, placer, preferencia, o simplemente algún interés humano. ¿Puede el valor depender del gusto de cada quien o pueden establecerse reglas y estándares de valor? ¿Cuál es la relación entre las realidades y el valor? ¿Cuál es la importancia de los valores que establecen los humanos? ¿Tendría el universo algún valor si los humanos no existiesen? La axiología se divide en ética y estética. La ética estudia el valor, las preferencias, en el comportamiento humano, mientras que la estética estudia el valor de la forma, la importancia de la belleza, de hacer las cosas bien; el arte es una aplicación directa de la estética, pero se extiende a la excelencia, la sensibilidad, y la calidad, en otros ámbitos profesionales, recreativos, o sociales.

La Ética

En filosofía, la moral y las buenas costumbres se interpretan descriptivamente como la forma de comportarse en sociedad: está determinado por lo que la gente cree sobre moralidad. La ética estudia el valor en relación al comportamiento e intereses humanos; estudia los problemas morales para descubrir cómo debemos actuar, cómo actuamos o cómo pensamos que actuamos.

Cuál es la naturaleza de una vida de excelencia. Cuáles son las rutas que seguimos para mantener una conducta que nos lleva a una vida de excelencia. Cuáles son los roles del placer, deber, realización propia, utilidad, bondad, justicia, o actuación de acuerdo con nuestra naturaleza biológica. Cuál es el valor último de los objetivos que buscamos, y una vez que los logramos, ¿qué?

La Estética

La estética es el estudio del valor de las cosas bien hechas, demostrar sensibilidad, preferir la calidad; unas veces en el arte y otras en las actividades rutinarias. La estética incluye el estudio de la belleza, la sublimación, y los principios del gusto, armonía, e identificación de patrones óptimos. ¿Hay alguna verdad en la representación estética?

¿Se relaciona el arte con la ética? Estrictamente hablando, por definición, el arte está asociado solo con la estética pero como el arte afecta el comportamiento humano, puede afirmarse que sí hay una relación subconsciente por el efecto emocional que produce el arte en los seres humanos. La emoción es una parte esencial de la apreciación artística, las personas reaccionan ante la belleza, la innovación, la creatividad; emitiendo juicios sobre la calidad de las obras de arte y su efecto en las personas.

¿Pueden las formas y sonidos describirse matemáticamente tal como pensaba Pitágoras? Son muchas las experiencias sobre representaciones matemáticas de la música y la apreciación artística en general, que dan en general una idea abstracta de algo más concreto. La matemática siempre será una herramienta subsidiaria del arte, la calidad, la belleza, que sirve para identificar algunos factores abstractos del arte. Nunca podrá la matemática sustituir al arte, solo servirá para generalizar algún proceso de comparación uniforme entre obras de arte distintas.

Epistemología

La epistemología es el estudio del conocimiento, en particular, el estudio de la naturaleza, alcance y límites del conocimiento humano; la investigación del origen, estructura, métodos, y validez del conocimiento. La epistemología permite contrastar distintos puntos de vista y así darnos cuenta de que hay múltiples interpretaciones sobre un determinado conocimiento, y que pueden ser todas válidas, quizás para enfatizar, con cada una de ellas, áreas distintas sobre un mismo tema. Un ejemplo que se presta a posibles interpretaciones del conocimiento se refiere al autismo. Hoy en día se ha popularizado el diagnóstico sobre la condición autista, muchos niños y adultos son colocados bajo esa condición. Veamos algunos argumentos.

Los autistas son personas como cualquier otra que tienen unas dificultades acentuadas de memoria, verbalización, atención, y concentración, que son más graves que los que se consideran normales. Los que han convivido con autistas saben que hay casos más fuertes que otros, por ejemplo, unos son más obsesivos, necesitan mejores mecanismos para reducir la angustia, son menos sociables, son menos expresivos, no saben interpretar las muecas o los gestos de los demás, no aprenden rápidamente, tienen dificultad para concentrarse, y así sucesivamente. Por lo tanto desde el punto de vista epistemológico hace falta profundizar en cada área de interés para poder emitir un diagnóstico útil para las personas que conviven con autistas.

En consecuencia, el diagnóstico de 'autista,' en una sola palabra, es insuficiente para entender lo que caracteriza a una persona que sufre de la condición; hay que precisar cada parámetro autista para determinar exactamente que tan elevado es el efecto de su condición. Es tan extremado el abuso del término, que personas de cierta edad, que nunca habían sido asociadas a la condición, ahora resulta que el vulgo los considera autistas, porque son introvertidos, son reservados, son gentiles, no responden agresivamente a los maltratos, etc. Analizando estos argumentos se constata que el uso del término a un nivel tan generalizado es contraproducente, hace falta mayor precisión. Es reconfortante saber que el gremio médico sí se dedica a profundizar sobre las diferencias entre autistas, a diferencia del vulgo que hace lo contrario, promoviendo la asociación de cualquier humano con la condición. Hay mucho trabajo comunicacional por hacer en vista de que los médicos solo tienen un alcance limitado, insuficiente para ayudar a la población mundial que convive con las personas autistas.

Metafísica u Ontología

La metafísica es el estudio de lo que es 'realmente' esencial en el ser, más allá de lo físico. La metafísica trata con lo que se llaman los primeros principios del orden natural, las causas o generalizaciones últimas del intelecto humano. Se refiere a las características esenciales de la existencia humana en general, a diferencia del estudio particular de una cosa específica; se concentra en observar el orden y estructura de la realidad en un sentido amplio; facilita determinar la naturaleza última de la existencia; permite hacer preguntas sobre 'lo que significa ser,' y 'lo que significa existir.' Las ideas están relacionadas con la metafísica ya que trascienden los objetos específicos; con un objeto podemos tener una experiencia directa pero con una idea no, hay mucho de imaginación; si hablamos del alma, del mundo, o de dios, es imposible tener una 'experiencia' real o directa, todo queda en la superstición.

Uno de los temas que abarca la metafísica se refiere al significado de la existencia humana y su relación con la realidad. Los seres vivos actúan y reaccionan al ambiente, crecen y evolucionan a través de la reproducción y los procesos metabólicos; los seres no-vivientes como las rocas o los líquidos no tienen las mismas capacidades. Qué somos y cuál es nuestro propósito son algunas de las grandes preguntas de la metafísica, se relacionan con el libre albedrío, poder elegir nuestros pensamientos y acciones sin intervención foránea.

El significado de la vida que adoptemos nos permite motivarnos para hacer más placentero nuestro pasaje momentáneo de existencia física. El por qué vivir permite definir una dirección en la vida influenciada por el individuo mientras que el cómo vivir depende de nuestra motivación y del contexto natural y social; la sociedad en que nos movilizamos tiene un impacto importante ya que la cultura influencia las costumbres; individualmente, podemos tener unas metas concretas pero la sociedad puede hacernos cambiar para mejor o peor.

Aplicación de la Filosofía

La filosofía puede usarse en todas las áreas del interés humano y sus métodos se utilizan en múltiples contextos. La solución de problemas, las habilidades comunicacionales, los poderes persuasivos, las habilidades discursivas y de escritura, son algunos ejemplos. La filosofía mejora nuestras capacidades de solución de problemas, nos ayuda a analizar conceptos, definiciones, argumentos y maneras de enfrentar los problemas; contribuye a mejorar nuestra capacidad de organizar ideas y asuntos, para aclarar a qué le damos valor, y extraer lo esencial del cúmulo de información disponible; ayuda a detectar las pequeñas diferencias entre puntos de vista y descubrir coincidencias y oposiciones; nos ayuda también a sintetizar variados puntos de vista en una perspectiva integrada.

La filosofía permite presentar las ideas a través de argumentos bien organizados, qué hace diferente un determinado punto de vista en relación a otros, cómo aclarar contenidos complicados, cómo eliminar ambigüedades y superficialidades. El poder de persuasión necesita una clara formulación de las ideas, buenos argumentos, y ejemplos apropiados. La capacidad de convencer utilizando argumentos poderosos, organizando y defendiendo los puntos de vista, apreciando las posiciones competitivas e indicando elocuentemente el por qué de la validez de las alternativas.

Las capacidades discursivas y expresivas se manifiestan oralmente o por escrito, utilizando presentaciones orales soportadas por guías y medios audiovisuales; el poder de la escritura convincente no tiene parangón, la elocuencia es fundamental para convencer. Estas capacidades se fortalecen interpretando y comparando las ideas actuales con las propuestas; siendo justos reconociendo otros puntos de vista diferentes; definiendo argumentos convincentes; utilizando ejemplos que favorecen la comprensión de las ideas; y evitando establer generalizaciones injustificadas. La estructura del material y la originalidad de las ideas permite conformar planteamientos convincentes que aplican en distintos contextos de la vida.

Algunas herramientas filosóficas para el uso de los políticos, tales como la contradicción, los argumentos, la dialéctica, la retórica, y la lógica, se presentan a continuación.

Contradicción

La contradicción se utiliza para demostrar, en una determinada situación, que existen afirmaciones, ideas, o características que se oponen unas a otras. Para desmantelar un argumento, la gente recurre a encontrar los opuestos del argumento expresado; piensan que son muy inteligentes buscando los opuestos. Por ejemplo, acaba de detectarse el aumento de la velocidad del giro de la tierra sobre su eje en un milisegundo y medio. Esa cifra es mínima pero por supuesto puede tener consecuencias relativamente graves en el ambiente; algunos afirman que pueden aumentar los incendios, los tornados, los huracanes, etc. otros afirman que los humanos serán afectados por ese incremento ya que vivirán una vida más acelerada. Hay personas que contradicen los argumentos expresados, dicen que no va a pasar nada en la tierra, seguiremos viviendo y nos adaptamos a la nueva velocidad sin mayores consecuencias, para qué mortificarse. Cuál argumento utilizar se convierte en un reto del intelecto humano, la mejor solución requiere de profundización.

Usada con prudencia, la contradicción se convierte en una herramienta poderosa pero cuando se exagera puede llevar a la desconfianza del ente crítico; aquellos que contradicen porque sí no son bien vistos por los que necesitan resolver los problemas de la vida. Hay mucha gente que disfruta contradiciendo a los demás, demuestran una capacidad crítica muy sofisticada que a veces se interpreta como ganas de molestar. Así, cuando se discuten los temas de actualidad, se oponen abiertamente y a veces se comportan de manera conflictiva. Los casos del socialismo absurdo (socialismo del siglo XXI), la guerra Rusia-Ucrania, el golpe que le dio Will Smith a Chris Rock, los comunistas que defienden las malas experiencias de los soviéticos y los chinos, demuestran esa mentalidad del abogado del diablo, que tanto daño le hace a la sociedad.

Argumentos

Los argumentos están compuestos por una serie de razones, figuras retóricas, o hechos, para soportar o establecer ciertos puntos de vista. Los argumentos se organizan utilizando primero unas premisas para determinar el grado de verdad o aceptabilidad de unas conclusiones; para darle soporte a las premisas, se recomienda incluir suposiciones sobre el contexto del asunto tratado. Los argumentos pueden analizarse a partir del uso de perspectivas: lógica, dialéctica, y retórica; el uso de consideraciones éticas y emocionales hace parte del contenido de los argumentos.

Los argumentos tienen el propósito de convencer a los participantes utilizando la persuasión; se les considera convincentes cuando toda la evidencia se organiza para soportar la idea final. Las evidencias se organizan encadenadas para crear un argumento coherente y comprensible. Usualmente se presentan todos los puntos de vista para poder contrastarlos y proponer la mejor alternativa; el uso de argumentos opuestos suele aparecer, es una manera simple de contradecir lo que otro argumento propone.

Cuando se trata de argumentar en política, hay que comprender que básicamente se trata de convencer a los ciudadanos o los grupos en conflicto, para ello debemos conocer las características de esos ciudadanos o grupos; hay que definir si están educados en todos los temas a tratar o son ignorantes. Los argumentos deben construirse en base a la comprensión de quiénes son los ciudadanos involucrados en la decisión; en la mayoría de las situaciones, los ciudadanos desconocen sobre los temas, por lo tanto es mejor tratarlo en forma focalizada, identificando uno o dos puntos importantes en lugar de cien; eso se llama simplificar el planteamiento para concentrarse en lo importante.

Otro aspecto relativo a los argumentos en política se refiere a precisar las suposiciones; cuando un gobierno es malo, todos los ciudadanos favorecen su reemplazo suponiendo que los nuevos gobernantes lo harán mejor que el anterior, pero ese resultado no se puede garantizar si no se explican las características ideológicas de los nuevos aspirantes a mandatario que mejorarán la situación. Un ejemplo patético es Venezuela, un mal gobierno se ha perpetuado en el poder por más de 23 años utilizando el socialismo absurdo (socialismo del siglo XXI), destrozando las bases democráticas de la sociedad y hundiendo a los habitantes en la pobreza crítica. Lo peor del caso es que los opositores han sido incapaces de aclarar cuáles son las características ideológicas del nuevo gobierno que alientan; pierden el tiempo luchando por la candidatura sin expresar sus ideales. Los ciudadanos suponen que por ser opositores, van a construir un gobierno totalmente opuesto ideológicamente al existente pero ningún candidato lo ha expresado. Será un gobierno liberal, conservador, capitalista, o será un gobierno socialdemócrata, parecido al socialismo absurdo; los candidatos no discuten estos temas pues saben que si precisan su ideología pueden ser rechazados por los electores, prefieren permanecer anónimos para llegar al poder y luego ver que hacer; utilizan la democracia como la fuente salvadora de su salud política pero no aclaran cuáles principios los alientan.

Hay muchos factores a tomar en cuenta en los argumentos, tales como, ser justos con los opositores, entender sus puntos de vista, y convencerlos para que cambien sus posiciones; evitar oraciones sin significado, evitar falacias, ser específico, y evitar generalizaciones; finalmente, aportar evidencias que soporten los argumentos y así prepararse para enfrentar las críticas.

Dialéctica y Retórica

La dialéctica involucra el proceso de llegar a la verdad usando comparación y contraste entre varias alternativas. La dialéctica permite observar las cosas desde múltiples perspectivas. Platón presentó sus diálogos en forma dialéctica, contrastando la opinión de Socrates con la de otros grupos opuestos; el diálogo platónico va evolucionando, unos convenciendo a los otros con sus argumentos. La dialéctica de Hegel contrasta conceptos opuestos; la evolución del proceso define de manera más precisa cada uno de los conceptos. Engels, inspirado por Hegel, sugirió tres leyes de la dialéctica: la transformación de la cantidad en cualidad, y viceversa; la relación entre los opuestos; y la negación de la negación. Según Engels, esos métodos pueden utilizarse para entender la evolución de las sociedades, un incremento en la cantidad de ciudadanos implica un cambio cualitativo de la sociedad; el caso más conocido es la familia, a medida que los miembros envejecen hay tendencia a separarse; una familia nuclear se divide en dos o más familias nucleares con el paso del tiempo, hay una necesidad cualitativa de mantener la independencia de los grupos familiares.

La retórica se refiere al uso efectivo de la conversación o la escritura persuasiva, utilizando algunas veces expresiones figurativas o técnicas composicionales para describir argumentos convincentes. Por ejemplo, los políticos utilizan mecanismos persuasivos para hacer que la gente actúe; los comerciantes patrocinan propagandas para que los consumidores compren; los abogados presentan argumentos emotivos para convencer al jurado. La retórica es un lenguaje diseñado para motivar, persuadir, o informar.

La Lógica

El uso de la lógica requiere de la generación y evaluación de argumentos. Los elementos que definen argumentos lógicos son las proposiciones u oraciones. Una proposición puede ser cierta o falsa. Un argumento lógico conecta una serie de proposiciones que lo hacen lucir lógico o válido. La lógica es la ciencia del razonamiento, la prueba, el pensamiento, o la inferencia. La lógica estudia los métodos y principios necesarios para distinguir si los razonamientos son correctos o incorrectos. Con la lógica se analiza un razonamiento o pensamiento para establecer su veracidad.

Los argumentos lógicos pasan por varias etapas de generación: las premisas, las inferencias y las conclusiones. Las premisas definen la evidencia o razones que existen para presentar el argumento (los ejemplos comienzan por, debido a que, en vista de que, evidentemente). La inferencia permite identificar proposiciones válidas para producir nuevas proposiciones (los ejemplos comienzan por, implica, sugiere, por lo tanto). La conclusión es una proposición final que representa una verdad o validez confirmada por las premisas e inferencias anteriores (los ejemplos comienzan por, la conclusión es ..., se ha demostrado ..., por lo tanto ..., finalmente ...).

La lógica permite distinguir los argumentos correctos de los incorrectos, entender por qué algunos son correctos y otros incorrectos, y evitar cometer falacias en nuestro razonamiento. Un argumento correcto consta de un conjunto de afirmaciones en que la conclusión está apoyada por las premisas. Los filósofos buscan, implícita o explícitamente, argumentos sólidos para defender sus ideas y para ello se usa la lógica para determinar si es válido. Veamos un argumento que demuestra la necesidad de analizar lógicamente su validez. Lo he tomado de uno de los chistes de un famoso humorista uruguayo, Juan Verdaguer, cuando se refería a su experiencia contando chistes por muchos años, decía,

"La memoria tiene mucha importancia al momento de contar chistes, recordar los mejores chistes que he contado en los últimos 10 años y los mejores que he oído contar en los últimos 25 años requiere de mucha memoria.

Porque cuantos más chistes uno sabe, más chistes uno se olvida y cuanto más chistes uno se olvida, menos chistes uno sabe.

Por lógica consecuencia,

cuanto menos chistes uno sabe, menos chistes uno se olvida y cuanto menos chistes uno se olvida, más chistes uno sabe."

Observando con atención, la lógica utilizada nos hace creer que la argumentación es correcta, solo por cambiar el menos por más y el más por menos, pero la realidad es que esa lógica es falaz. Por lo tanto, con los argumentos hay que poner atención a las premisas para llegar a conclusiones sólidas.

En filosofía, la lógica proposicional permite combinar proposiciones para generar otras más complicadas, se utilizan conectores 'Y' y 'O' para asociarlas. En general, esta lógica tiene aplicación en casos simples, orientados a ambientes académicos, por ejemplo, 'Los perros ladran, Robein es un perro, por lo tanto, Robein ladra.' Hasta el presente, la lógica proposicional no ha tenido un gran impacto en la filosofía pero sí ha tenido aplicación en las matemáticas, por ejemplo, las computadoras usan la lógica booleana para producir cambios de estado según las condiciones de sus componentes.

Ejemplos de Argumentos

Veamos un ejemplo informal, orientado a la política, donde se presentan una serie de afirmaciones, hechos o eventos y se plantea un argumento para justificar una o varias conclusiones. Es bien conocida la crítica hacia el capitalismo, los socialistas siempre buscan argumentos para promover el socialismo y aborrecer el capitalismo. [Niemietz 2019]

A continuación se presentan las premisas en contra del capitalismo:

Los sentimientos anticapitalistas no son nuevos, hace siglos que se manifiestan, se cree que el capitalismo es el causante de todos los males de la sociedad. (contra)

La desconfianza hacia los comerciantes ha existido por siglos, se les ha considerado deshonestos; compran barato y venden caro, no reparten sus ganancias, no les preocupa la suerte de los demás, etc. (contra)

Hayek pensaba que los sentimientos anticapitalistas provienen de las épocas prehistóricas; la psicología evolutiva indica que los principios morales fueron evolucionando por miles de años desde que nuestros ancestros vivían en tribus de cazadores-recolectores que se ayudaban mutuamente. (contra)

La mente humana está mejor adaptada a la sociedad tribal y no a la vida moderna con división del trabajo y la dirección del mercado libre independiente; la elaboración de planes para beneficiar a la tribu fue siempre un prerrequisito para iniciar la caza o la recolección. (contra)

La sociedad tribal está conscientemente dirigida por un propósito, es un esfuerzo del grupo; los miembros de la tribu comparten los mismos medios y objetivos, no hay una división del trabajo y menos aún con desconocidos. (contra)

En la sociedad tribal, las intenciones son muy claras, unos promueven el beneficio de todos mientras que otros quieren apropiarse de las buenas tajadas; no hay secretos en la tribu y todos observan lo que los demás hacen, se vuelven sensitivos ante las injusticias, penalizando a los que no se comportan. (contra)

En la tribu, la repartición de la recolecta o cacería se hace tomando en cuenta factores, llamémoslos políticos, de poder y moralidad, de acuerdo al comportamiento de los miembros; es el grupo el que decide cómo se reparten los bienes. (contra)

Las instituciones económicas modernas tienden, aunque solo sea subconscientemente, a querer seguir el legado tribal, a pesar de que la sociedad moderna es mucho más voluminosa y compleja que una simple tribu (no conocemos ni siquiera a los vecinos). (contra)

El capitalismo no representa el legado tribal esperado; es fácil criticar al capitalismo ya que no forma parte intrínseca de nuestra mentalidad heredada. (contra)

El socialismo es una forma de convertir la economía de la sociedad moderna en un esfuerzo dirigido por el esfuerzo del grupo, tal como lo hacían nuestros ancestros. La elaboración del plan a cinco años, es una forma más sofisticada de reunirnos alrededor de una fogata para decidir como vamos a proceder durante la próxima cacería. (contra)

El sentimiento anticapitalista brota fácilmente, sin mayor esfuerzo y de manera natural. No se necesita leer a Marx y Engels para criticar al capitalismo, no hay que pensarlo mucho, queremos ser bondadosos. (contra)

Los seres humanos buscan el bien para todos, en lugar del mal, en principio piensan que el socialismo es una buena solución, todos somos buenos. (contra)

Conclusiones contra el capitalismo:

El anticapitalismo es automático ya que los humanos han heredado sentimientos tribales que aún no han evolucionado hacia una realidad tan compleja como la que vive la sociedad moderna. Aunque existe un grado de especulación informada en los argumentos contra el capitalismo, ya que la psicología evolutiva no ha avanzado lo suficientemente, puede afirmarse que los humanos prefieren que la mayoría viva bien, siempre y cuando no los molesten mucho pidiendo favores constantemente.

A continuación varias premisas a favor del capitalismo:

La vida moderna con división del trabajo y la dirección del mercado libre independiente ha demostrado que permite organizar a la gente usando métodos simples y abstractos que permiten a los humanos progresar por su propio esfuerzo, sin ayuda pública. (a favor)

El capitalismo ha demostrado avances contra la pobreza, ha permitido aumentar la longevidad de los seres humanos y ha permitido disminuir la cantidad de horas de trabajo. (a favor)

Hoy día la sociedad es voluminosa, no es factible ni posible que pequeños grupos definan el funcionamiento de la economía; el libre mercado es un enfoque abstracto, depende de la oferta y la demanda, no son los caprichos de un grupo en el poder. Permite que los seres humanos trabajen libremente y que exista equidad, ganada con el esfuerzo y no en función de regalías discriminativas. (a favor)

La realidad demuestra que el socialismo es una mala solución; el socialismo solo ha dejado pobreza, muerte y destrucción en todos los países en que ha sido utilizado. (a favor)

La mayoría de los grandes pensadores que favorecen hoy día al capitalismo fueron inicialmente pro socialistas pero cambiaron de parecer al darse cuenta de que una sociedad moderna no puede administrarse con métodos intuitivos, como la planificación central tribal. (a favor)

Conclusiones a favor del capitalismo:

El capitalismo ha demostrado su utilidad a pesar de las críticas de los socialcomunistas. Todos los países modernos, incluidos los izquierdistas, se inspiran en los métodos capitalistas.

Una mayoría de los defensores del capitalismo fueron alguna vez socialistas o comunistas, demostrando que se dieron cuenta de forma palpable que el socialismo es inferior como propuesta social.

Hoy día la sociedad es voluminosa, no es factible ni posible que pequeños grupos, la élite, definan el funcionamiento de la economía de una sociedad tan diversa. Se requiere de una visión neutral, capitalista en este caso, para que tantos millones de habitantes puedan trabajar sin conocerse personalmente.

No es posible administrar una sociedad moderna con la mentalidad tribal de nuestros ancestros.

El capitalismo es preferible al socialismo, la gente ha venido progresando con los años. Todas las experiencias socialistas han sido fracasos, la gente no mejora su vida en socialismo.

El proceso de análisis anterior demuestra de manera informal el uso de los argumentos. Identificando las premisas a favor y en contra, se llega a conclusiones que hacen que el capitalismo predomine contra el socialismo.

Inducción y Deducción

La inducción y la deducción son dos métodos para establecer la validez de los argumentos. La inducción se refiere a extraer, a partir de determinadas observaciones o experiencias particulares, el principio general implícito en ellas. Las premisas de un argumento inductivo suministran una evidencia probable para la verdad o validez de sus conclusiones.

En materia política, un ejemplo de inducción se refiere al muy conocido caso de las experiencias comunistas o socialistas.

Premisas:

La China colectivista de Mao causó millones de muertos.

La transformación económica y social de la Unión Soviética causó millones de muertos.

La Cuba de Fidel Castro, apoyada por la Unión Soviética, ha mantenido en la pobreza a varias generaciones de cubanos.

La Corea totalitaria del Norte de Kim Jong-un ha causado muerte, pobreza y desolación por años.

La Venezuela pro socialista de Chávez genera pobreza y destrucción en el país, así como la emigración de millones de venezolanos.

Conclusiones:

Los regímenes socialcomunistas lo que hacen es causar pobreza, destrucción y muerte. Hay que evitar la proliferación de esos regímenes que contribuyen a la muerte injustificada de millones de seres humanos.

La deducción involucra definir, a partir de ciertas premisas, una conclusión que se considera válida. Las premisas de un argumento deductivo permiten generar una evidencia conclusiva de su verdad o validez. Tomemos un ejemplo que establece la utilidad del modelo capitalista, donde la gente ha vivido mejor durante los últimos cien años comparado con el pasado. [Niemietz 2019]

Premisas:

A la mitad del siglo XIX había 1.300 millones de habitantes en el globo terráqueo de los cuales casi el 100% vivía en la pobreza; hoy día, hay unos 7.000 millones de habitantes de los cuales solo el 10% vive en la pobreza.

La expectativa de vida antes de la mitad del siglo XIX fue de 30 años; a partir de la mitad del siglo XIX, la expectativa de vida comenzó a crecer y se coloca actualmente sobre los 70 años.

Conclusiones:

A partir del siglo XIX la vida de los seres humanos ha mejorado bajo el sistema capitalista.

Aspectos más resaltantes del Capítulo 6: Apoyo Filosófico

- La filosofía estudia las verdades fundamentales que afectan a los seres humanos y su interacción con el mundo que los rodea; las principales decisiones filosóficas que tomemos afectan aspectos sobre la supervivencia, la trascendencia y la sabiduría considerando las verdades y dudas que reconocemos
- La filosofía, a diferencia de la ciencia, responde preguntas fundamentales y abstractas sobre cosas o eventos en la naturaleza; se utilizan procesos reflexivos en lugar de experimentos, aunque puedan usarse métodos similares a los de las ciencias naturales
- La filosofía se divide en varias ramas: La axiología, la epistemología y la metafísica. Esas ramas permiten precisar el tipo de preguntas a realizar en las áreas que nos interesan, qué es lo que valoramos, qué sabemos, y cómo identificamos lo esencial
- La solución de problemas, las habilidades comunicacionales, los poderes persuasivos, las habilidades discursivas y de escritura, son algunos ejemplos de aplicación de la filosofía
- La axiología, la epistemología y la metafísica son ramas de la filosofía, permiten hacer preguntas de interés, qué es lo que valoramos, qué sabemos, y qué es lo esencial
- La axiología estudia la importancia del valor, la investigación de su naturaleza, critérios y estatus metafísico. El valor es la importancia que le damos al cumplimiento de algún deseo, placer, preferencia, o simplemente algún interés humano
- La ética estudia el valor en relación al comportamiento e intereses humanos; estudia los problemas morales para descubrir cómo debemos actuar, cómo actuamos o cómo pensamos que actuamos
- La estética es el estudio del valor de las cosas bien hechas, demostrar sensibilidad, preferir la calidad; unas veces en el arte y otras en las actividades rutinarias

- Epistemología. Es el estudio del conocimiento, en particular, el estudio de la naturaleza, alcance y límites del conocimiento humano; la investigación del origen, estructura, métodos, y validez del conocimiento
- La metafísica es el estudio de lo que es 'realmente' real. La metafísica trata con lo que se llaman los primeros principios del orden natural o las generalizaciones últimas del intelecto humano
- La filosofía puede usarse en todas las áreas del interés humano y sus métodos se utilizan en múltiples contextos. La solución de problemas, las habilidades comunicacionales, los poderes persuasivos, las habilidades discursivas y de escritura, son algunos ejemplos
- Algunas herramientas para uso de los filósofos, incluyen la contradicción, los argumentos, la dialéctica, la retórica, y la lógica
- La contradicción se utiliza para demostrar, en una determinada situación, que existen afirmaciones, ideas, o características que se oponen unas a otras. Para desmantelar un argumento, la gente recurre a encontrar los opuestos del argumento expresado
- Los argumentos están compuestos por una serie de razones, figuras retóricas, o hechos, para soportar o establecer ciertos puntos de vista. Los argumentos se organizan utilizando primero unas premisas para determinar el grado de verdad o aceptabilidad de unas conclusiones
- La dialéctica involucra el proceso de llegar a la verdad usando comparación y contraste entre varias alternativas. La dialéctica permite observar las cosas desde múltiples perspectivas
- La retórica se refiere al uso efectivo de la conversación o la escritura persuasiva, utilizando algunas veces expresiones figurativas o técnicas composicionales para describir argumentos convincentes
- La lógica es la ciencia del razonamiento, la prueba, el pensamiento, o la inferencia. La lógica estudia los métodos y principios necesarios para distinguir si los razonamientos son correctos o incorrectos. Los argumentos lógicos pasan por varias etapas de generación: las premisas, las inferencias y las conclusiones
- Un ejemplo bien conocido es la crítica hacia el capitalismo; los socialistas siempre buscan argumentos para promover el

socialismo y aborrecer al capitalismo. Organizando las premisas a favor y en contra del capitalismo, es posible establecer unas conclusiones a favor y en contra

- La inducción y la deducción son dos métodos que permiten establecer la validez de los argumentos

Capítulo 7: Apoyo Ético

Las sociedades son asociaciones de personas que organizan su mundo alrededor de conceptos morales y materiales para sobrevivir y trascender, viven juzgando y siendo juzgados por las acciones ejecutadas, y se adaptan a las condiciones sociales del medio donde deambulan. Las personas son excelentes juzgando el carácter de los demás pero fallan juzgando las evidencias, es común juzgar a la persona en lugar del hecho, es por ello muy importante evaluar el contexto para emitir juicios útiles; los intereses de las personas definen su motivación y su capacidad de compartir, todos no somos iguales. Los ciudadanos pueden aceptar hasta cierto punto las restricciones establecidas en la sociedad pero tienen el derecho de protestar y conseguir cambios que desemboquen en mejores condiciones de vida.

La ética utiliza un sistema de valores para determinar el comportamiento aceptable de las personas durante la vida. La ética define estándares aceptables sobre lo que es correcto e incorrecto, lo bueno y lo malo, en todos los aspectos de la vida. La ética permite estudiar, interpretar, definir y prescribir cómo deben comportarse los seres humanos individualmente y en sociedad. La ética está relacionada con la filosofía, estudia los procesos de toma de decisiones para determinar lo que es correcto e incorrecto, y lo que es bueno y malo del comportamiento humano; implica sopesar los pros y contras de una situación, los valores afectados, y los intereses manejados. La aplicación de la ética colabora con la toma de decisiones, permite mejorar las actividades o la vida misma. La moralidad está asociada a un sistema de valores y principios de conducta para la protección de nuestra propia vida y la de los demás.

La ética puede aplicarse en forma prescriptiva (normativa), indicando lo que la gente debería hacer, o descriptiva, explicando lo que actualmente hacen. La ética prescriptiva es una guía para tomar decisiones, orientado los juicios morales sobre lo que debe ser, sobre lo que es correcto e incorrecto. La ética descriptiva busca comprender los mecanismos que determinan las decisiones humanas, basándose en las experiencias reales pero sin determinar la bondad o la maldad de las acciones.

Las religiones, la filosofía y la cultura han propiciado el estudio de la ética para debatir los grandes temas que afectan a la humanidad. La ética suele dar varias respuestas posibles a un determinado dilema, por lo tanto facilita la discusión y la comprensión de las dificultades. A veces la ética se utiliza para presentar alternativas y contrastarlas con otras posibilidades y son los humanos los que finalmente deciden cuál ruta tomar. Otras veces la ética identifica las alternativas menos malas, en el caso de que no hayan respuestas que se consideren superiores, y de nuevo son los humanos los que deciden. La moralidad está relacionada con la ética en vista de que las personas que hacen lo correcto, aunque sea difícil y peligroso, lo convierten en beneficioso y útil para ellos y los afectados.

Moralidad

La moralidad envuelve, entre otros factores, la comprensión de qué es bueno y qué es malo o malvado en el comportamiento de los individuos. Las personas no se conocen lo suficientemente como para definir claramente la influencia de los demás en nuestra vida, ¿serán buenos o malos?, ¿responsables?, ¿respetuosos?, ¿podemos confiar en ellos? La aplicación de los conceptos morales depende por lo menos de dos factores, uno interno, dependiente de las características personales, y otro externo, dependiente de la interpretación del contexto, del conocimiento sobre el asunto, y de la situación específica. Las personas nacen con características morales enraizadas en su instinto y tratan de aplicarlas a lo largo de su vida; algunos tratan de influir moralmente en los demás para que mejoren; hay otros que carecen de esos sentimientos morales naturales e interpretan las situaciones de acuerdo a su conveniencia, sin pensar en los demás y sin preocuparse de si hacen daño o no, son los que requieren de consejos y terapias para que mejoren su actitud.

La moralidad se refiere a los principios que debemos obedecer para reaccionar ante situaciones que nos afectan; la moralidad requiere de conocimiento para poder incorporar mejores respuestas ante situaciones imprevistas. Tiene que ver con los deberes, pero al fin de cuentas todo se circunscribe a hacer el bien y obedecer los principios optimistas que prometen a largo plazo el mejor resultado. La buena persona es aquella que lucha por lograr el mejor resultado entre todas las alternativas, considerando los dilemas morales que confronta. Cuando uno se pregunta qué hacer en una determinada situación, uno se imagina qué es lo que el otro pensaría sobre esa acción vista con ojo desinteresado. Es ese ojo desinteresado el que define el estándar a seguir. Todo esto en vista de que la moralidad está enraizada en la responsabilidad compartida entre los distintos agentes conscientes de los hechos.

La ética se diferencia de la moral, a pesar de ser sinónimos, la primera es una teoría de acciones correctas y el logro de grandes beneficios para la humanidad, y la segunda se refiere al lado práctico del mismo asunto pero a nivel del individuo. La ética incluye el conjunto de ideales y comportamientos morales, lo que se conoce como filosofía de la vida, mientras que la moral está limitada a casos específicos y al establecimiento de códigos morales a utilizar.

Realismo Moral Objetivo

Existen varias formas de explicar los principios morales, por ejemplo, realismo moral objetivo, subjetivismo, emotivismo y prescriptivismo. El realismo moral objetivo busca una descripción que sea aplicable independientemente de la visión particular de los involucrados. El subjetivismo es la descripción de las verdades morales basadas en los estados mentales de un determinado individuo o grupo. El emotivismo es la descripción espontánea de un determinado asunto moral basado en nuestras emociones e interpretación de los hechos. El prescriptivismo se refiere a describir las situaciones morales estableciendo las recomendaciones o instrucciones a seguir.

Razonamiento Ético

El primer paso es reconocer que se ha producido un evento que requiere de nuestra intervención. Segundo, definir si los eventos afectan la dimensión ética. Tercero, establecer la importancia de la dimensión ética. Cuarto, tomar la responsabilidad de generar una solución ética al asunto. Quinto, establecer cuáles reglas éticas aplican en el caso. Sexto, utilizando argumentos, definir alternativas y sugerir una solución. Séptimo, prepararse para recibir críticas y preparar argumentos para contrarrestarlas. Finalmente, actuar en consecuencia para resolver la situación identificada.

Veamos algunos ejemplos de cómo describir los tres principios de libertad, igualdad y fraternidad, usando las estrategias descritas.

LIBERTAD

La libertad es el derecho individual a vivir libremente, sin opresión o restricciones innecesarias emanadas de las autoridades. La libertad es inherente a los seres humanos, es una condición psicológica y filosófica. La libertad es un principio relacionado con el comportamiento humano, actúa como un agente moral según las preferencias y decisiones personales sin verse afectado por obligaciones externas a su naturaleza. La libertad es un derecho que depende de la madurez del conocimiento que poseen las personas. Aquellos menos afortunados en conocimiento, ven sus oportunidades de subsistir y progresar disminuidas por su falta de dominio para ejercer las profesiones que demanda la vida en sociedad. Los que están mejor preparados tienen más movilidad social ya que pueden participar en diversas actividades, unas lucrativas, que les permiten vivir confortablemente, otras recreacionales y deportivas, que les permiten vivir más sanos por más tiempo.

Caso: La Libertad de Expresión en Venezuela

La libertad de expresión se considera un derecho humano sustentado en principios libertarios del individuo y de la comunicación libre en sociedad. En Venezuela, caracterizada por la violación sistemática de los derechos humanos, se viene controlando el acceso a la información de publicaciones marcadas por su oposición al régimen. Existen páginas web informativas que están siendo censuradas por el régimen a través de los proveedores de servicio de internet; éstos son obligados a limitar el acceso a dichas páginas con la amenaza de cerrarles sus concesiones mediáticas. En países democráticos es posible limitar el acceso a páginas web a través de procesos judiciales donde participan todos los involucrados y los afectados y autorizados se presentan delante de un juez que decide la medida final. En Venezuela, el gobierno solicita unilateralmente a la proveedora de servicio que limite el acceso a una página gracias al poder autoritario que posee el gobierno, la proveedora puede perder su concesión si no obedece.

Razonamiento Ético

El primer paso es reconocer que se ha producido un evento que requiere de nuestra intervención. En el caso de Venezuela y el acceso a internet, no se justifica la intervención de las páginas sin prueba de falta. Solo por la decisión unilateral del gobierno de eliminar a la disidencia no justifica esa intervención. El hecho es grave, ya que el gobierno actúa de forma caprichosa, mal intencionada y totalitaria.

Segundo, definir si los eventos afectan la dimensión ética. Los eventos que limitan el acceso a páginas opositoras significan una falta grave que afecta la libertad de expresión. La libertad de pensamiento es innegable, cada uno puede pensar lo que quiera, la expresión es solamente la forma de presentarlo en público. Si lo que expresamos tiene consecuencias, debemos enfrentarlas con argumentos donde todos participan, incluidos los jueces imparciales que interpretan la situación y plantean una solución. Si se justifica una penalidad, debe ser proporcional al efecto de lo expresado.

Tercero, establecer la importancia de la dimensión ética. La limitación de la libertad de expresión es una falta grave que requiere de nuestra participación. La solución de los problemas en sociedad requiere que exista mucha comunicación entre las partes en disputa. Cuando no se le permite a la gente expresarse, automáticamente se crea un conflicto existencial que genera rencor entre los involucrados. Es mejor manejar la libre expresión entre personas y no tener que enfrentar actos desatados por la ira popular. La comunicación tiene que ser fluida y constante, expresando diversos puntos de vista, hasta lograr una solución satisfactoria, es conveniente utilizar métodos de negociación entre las partes; no es recomendable mantener posiciones intransigentes que no contribuyen a solucionar los conflictos.

Cuarto, tomar la responsabilidad de generar una solución ética al asunto. Entre las alternativas, una se refiere a limitar constitucionalmente la autoridad gubernamental en estos asuntos de libertad de expresión, otra sería emitir un decreto para restablecer la libertad de expresión y prohibir la intervención unilateral del gobierno.

Quinto, establecer cuáles reglas éticas aplican en el caso. Además de la censura, que ya demuestra una autoridad equivocada, la prohibición del acceso a los medios de comunicación indica una posición totalitaria que no convence a nadie. Como decía Unamuno, hay que convencer para poder vencer. Por eso es que los gobiernos necesitan contrapesos en la sociedad, no pueden auto erigirse como los sabelotodo que deciden en todos los casos sin someterlo a escrutinio público. En las democracias podemos someterlo a consulta y aunque la mayoría pueda equivocarse, son participativos ante la población.

Sexto, utilizando argumentos, definir alternativas y sugerir una solución. Hay que prepararse para escuchar los argumentos del gobierno contra los opositores al gobierno e insistir en que cada caso de censura sea soportado por argumentos donde todas las partes participen y lleguen a los acuerdos que satisfagan a todos. Hay que actuar para que se garantice la inviolabilidad de la libertad de expresión y que todos los afectados participen en la solución final para que las cosas se hagan con sustento racional.

Séptimo, prepararse para recibir críticas y preparar argumentos para contrarrestarlas. Hay muchas críticas posibles contra los que emiten libremente su expresión. Los gobiernos pueden pensar que se les irrespeta cuando se manifiesta contra su autoridad, cuando se demuestra el manejo equivocado de los tesoros públicos, cuando los casos de corrupción indican la participación del ejecutivo, pero la libre expresión es una labor ciudadana que colabora con la vida en sociedad.

Finalmente, actuar en consecuencia para resolver la situación identificada. Hay muchas dificultades para evadir las medidas de los gobiernos totalitarios, es por eso que los países siempre deben preferir lo menos malo, o sea, una democracia en lugar de una dictadura. En democracia es posible cambiar constitucionalmente las reglas sobre la libertad de expresión, mantener asociaciones que analicen los casos de violación a la libertad de expresión, mantener informada a la opinión pública sobre los juicios iniciados por el gobierno contra aquellos que han expresado opiniones sin base y cuantos casos han sido favorables y desfavorables.

Realismo Moral Objetivo

La libertad le pertenece a todo ser humano, nadie tiene derecho a quitársela. El gobierno no tiene el derecho unilateral de penalizar a los comunicadores sociales a menos que se les de la oportunidad de defenderse y existan entes independientes que apoyen una solución. Las medidas punitivas que privan de libertad a los ciudadanos solo se justifican en casos extremos, tales como, haber cometido un crimen, tener una enfermedad contagiosa que pone en peligro a los demás, haber perdido el juicio y ser un peligro para los que lo rodean.

Subjetivismo

Sin libertad la gente se siente desmotivada para vivir. A todas las personas les hace falta la libertad, sentirme preso es desagradable. No es imaginable vivir sin libertad. Los ciudadanos necesitan de la información veraz suministrada por los comunicadores sociales. Si éstos cometen errores deben reconocerlos y enfrentarlos en un juicio objetivo.

Emotivivismo

Estamos en contra de que nos quiten la libertad. Lucharemos contra aquellos que intenten poner en peligro nuestra libertad. Para los venezolanos, la libertad es uno de los principales elementos para mantenerse activo. Han pasado muchos desatinos en el gobierno, no hay derecho a que estén todavía en el poder. El gobierno venezolano miente, los comunicadores sociales han venido diciendo la verdad.

Prescriptivismo

La libertad es inalienable, es un derecho humano. La libertad de expresión debe estar prescrita en la Constitución. Deben crearse leyes que favorezcan la negociación en lugar del castigo gubernamental indiscriminado. Debe evitarse la limitación de la libertad de las personas solo por expresarse. Los gobiernos deben retroceder ante las situaciones en que ellos mismos causaron la pérdida injusta de la libertad. Todo medio de comunicación debe poseer un código de ética que favorezca la presentación de las opiniones, emitidas y sustentadas por hechos demostrables.

IGUALDAD

La estabilidad de una sociedad depende del trato justo a sus miembros, si éstos se sienten maltratados, las bases de la sociedad se resquebrajan. Los seres humanos merecen un mismo trato digno ya que merecen igual trato en similares situaciones. Aunque la igualdad entre seres humanos no existe, en vista de que todos somos diferentes, sí es posible la igualdad de oportunidad, trato y consideración. No tiene sentido buscar que todos seamos iguales, vivamos igual, comamos igual, tengamos la misma riqueza, ya que la calidad de vida depende de nuestro esfuerzo personal. No es justo pensar que la riqueza es gratuita, que se gana sin hacer un esfuerzo, eso solo lo apoyan los que tienen complejos de cigarra (flojera) y lo demuestran diariamente con sus fracasos.

Caso: Profesores Afectados por el Sectarismo en Venezuela

Es el caso de unos profesores que laboran en un Instituto Universitario bajo el régimen de contrato y se les ofrece participar en un concurso de oposición para convertirse en profesores de escalafón. Se ofrecieron solo cargos a medio tiempo, en lugar del tiempo completo que ya ejercían, a pesar de las quejas de los profesores. Muchos profesores fueron señalados por motivos políticos ya que no compartían la ideología gubernamental. Cuando el sectarismo se aplica al ambiente universitario se violan derechos humanos que afectan la supervivencia de los profesores. Las autoridades prometieron corregir la situación en los casos en que esos profesores ganaran el concurso, pero a pesar de los reclamos los dejaron pudrirse en el estiércol del ingreso mínimo que no garantiza la subsistencia.

Razonamiento Ético

El primer paso es reconocer que se ha producido un evento que requiere de nuestra intervención. A los profesores contratados se les ofreció participar en un concurso de oposición para convertirse en profesores de escalafón. Muchos trabajaban a tiempo completo pero los cargos fueron ofrecidos a medio tiempo a pesar de las quejas de los profesores. Se cometió una injusticia contra los profesores, dejándolos a medio tiempo por ser opositores al gobierno, mientras que aquellos que simpatizaban con el 'proceso revolucionario' fueron rápidamente asignados a tiempo completo.

Segundo, definir si los eventos afectan la dimensión ética. Ofrecer cargos a medio tiempo en lugar de tiempo completo, a pesar de las quejas emitidas por los profesores, representa una violación a la supervivencia de los profesores; la directiva del instituto hizo algunos cambios de dedicación, después del reclamo, pero solo a los partidarios del gobierno, los demás casos quedaron sin resolver. La situación de discriminación se hizo evidente cuando se supo que aquellos profesores que no simpatizaban con el 'proceso socialista' del país fueron los que no recibieron mejor dedicación.

Tercero, establecer la importancia de la dimensión ética. La situación fue una clara violación a la igualdad para sobrevivir que merecen todos los profesores, discriminandolos por motivos políticos que no tienen cabida en la vida universitaria. La universidad debe ser amable a la pluralidad de las ideas.

Cuarto, tomar la responsabilidad de generar una solución ética al asunto. Los profesores afectados se comunicaron con la directiva y ésta prometió corregir la situación una vez finalizado el proceso de concurso; por supuesto que no lo hicieron, se hicieron los locos.

Quinto, establecer cuáles reglas éticas aplican en el caso. Es evidente que si se corrige la dedicación a unos profesores, todos los demás en igualdad de condiciones merecen recibir el mismo trato. No es aceptable penalizar a unos profesores por no simpatizar con el modelo socialista absurdo del siglo XXI.

Sexto, utilizando argumentos, definir alternativas y sugerir una solución. Los profesores no sabían que la directiva era una falange del proceso chavista que dominó al país y confiaron en las promesas verbales. Si los profesores afectados hubiesen contado con asesoría legal, otro hubiera sido el resultado, los profesores afectados pudieron haber suspendido el proceso del concurso de oposición para obligar a la directiva a tomar las medidas y lograr una mejor dedicación, para enfrentar el costo de vida.

Séptimo, prepararse para recibir críticas y preparar argumentos para contrarrestarlas. Después de finalizar el concurso, los profesores protestaron la falta de palabra pero lo que recibieron fueron respuestas negativas a todos los pedidos.

Finalmente, actuar en consecuencia para resolver la situación identificada. Los profesores trataron de buscar ayuda legal para evitar la injusticia pero los abogados consultados prefirieron no participar en un asunto con tintes políticos, el régimen chavista tiene mucho poder como para perjudicar a los abogados que osen aceptar ese tipo de casos.

Realismo Moral Objetivo

La discriminación por motivos políticos en el contexto universitario es inaceptable, una universidad es un centro orientado al conocimiento que debe aceptar la divergencia política de sus miembros. En Venezuela, la desgracia fue que la discriminación política fue una práctica constante contra los opositores al modelo socialista del siglo XXI (socialismo absurdo) a todos los niveles de la sociedad, hecho con la anuencia de todos los involucrados, incluidos los venezolanos de a pie.

Subjetivismo

Cada profesor puede emitir una opinión personal sobre el caso, algunos no se interesan, otros se sienten indignados. Hay que recurrir a los sindicatos de profesores para que se involucren en situaciones que afectan la supervivencia de los profesores, un sueldo a medio tiempo no se compagina con una profesión que requiere de dedicación extremada para mantenerse al día con conocimiento actualizado.

Emotivismo

Un profesor afectado por la situación puede emitir opiniones contundentes sobre las medidas sectarias de las autoridades universitarias y proceder en consecuencia a demandarlos por daños y perjuicios. El daño causado a los profesores es irreparable, no podrán recuperarse de la injusticia, los directivos tendrán un peso de consciencia durante el resto de su vida.

Prescriptivismo

Incorporar códigos de ética profesional para los profesores universitarios donde se condene la práctica irregular de discriminar a los profesores por motivos políticos.

FRATERNIDAD

La fraternidad está relacionada con la hermandad, la solidaridad, la comunidad. La hermandad entre todos los seres humanos no es difícil sino imposible. No tenemos la oportunidad de conocer personalmente a tantos compañeros, ni siquiera por los medios superficiales de las redes sociales. La hermandad está asociada a la familia, los hermanos son fraternos entre ellos, sus padres, y esa noción se extiende al resto de los que se relacionan al nucleo familiar. Es una idealización creer que podemos ser hermanos de toda la humanidad, la realidad nos lleva a mantener reservas hacia ciertos grupos en los que no confiamos. Las ideologías políticas y religiosas suelen promover los principios fraternales puesto que son los únicos que eventualmente nos motivan a comportarnos mejor con los demás pero la realidad nos hace sospechar de todos. Hay ejemplos donde podría funcionar la fraternidad, además de la familia, en el trabajo, con los vecinos, con los que compartimos las mismas ideas, y así sucesivamente.

Caso: Tenis de Mesa

Un caso muy simple donde se aprecian las dificultades relativas a la fraternidad es el juego de ping pong. Podría utilizar otro ejemplo sobre comportamiento en sociedad, tal como el funcionamiento de una organización de servicios públicos, educativa, de salud o humanitaria, pero decidí usar un juego de tenis de mesa que más o menos todos conocemos. Imaginemos un grupo de aficionados que practican el deporte en un centro recreacional para adultos mayores. El ping pong puede jugarse en sencillo, uno contra uno, o puede jugarse en pareja, dos contra dos. En el caso del sencillo, los jugadores no tienen por que ser fraternales con el contrincante, es una lucha entre dos competidores y el objetivo es ganar el juego. En el caso de dos contra dos, ya existe una cierta necesidad de ser fraterno y solidario con la pareja, para considerar las debilidades de nuestro compañero y lograr triunfar a pesar de ellas. Pero no hace falta ser fraterno con los oponentes, el objetivo del juego es ganar.

En la sociedad existe la necesidad de competencia, para que mejoren cada día los procesos productivos y los servicios brindados; las sociedades que minimizan la competencia le hacen daño a los ciudadanos, despojandolas de una mejor vida. En el ping pong, es bienvenida la competencia pero hay diferencias en la motivación de cada jugador, no todos van por ganar, el juego se toma más o menos en serio dependiendo de cada uno. Hay algunos que van para distraerse de las tareas cotidianas, otros tratan de jugar cada día mejor, y otros quieren hacer amigos, tomar cerveza a la salida, etc. Por lo tanto, un juego tiene parecido a la vida social, donde todos tienen diferentes intereses.

En el caso del ping pong se necesita primeramente reconocer que se ha producido un evento que requiere de nuestra intervención. Luego de haber jugado consecutivamente por más de cuatro años, comencé a darme cuenta de las características motivacionales y su relación con el concepto de fraternidad. La fraternidad se presenta en muchos contextos sociales pero está claro que no es un concepto universal que aplica para todas las personas. Algunas son muy fraternas, otras no, y peor aún, cuando se le obliga a la gente a ser fraterno sin quererlo, se comete un crimen de lesa humanidad. En el caso del tenis de mesa me di cuenta que no es verdad que somos fraternos con todos los jugadores, somos solidarios con la pareja jugando dobles pero no somos fraternos con los contrincantes, a ellos hay que ganarles, no cuenta la simpatía o la amistad; al final del juego podemos volver a ser amigables con ellos, a título personal. La fraternidad, por lo tanto, es temporal en el juego de dobles.

Segundo, definir si los eventos afectan la dimensión ética. Debemos recordar que se trata de un juego, un deporte, donde nos comportamos naturalmente con un objetivo claro, vencer al contrario. Cuando se juega en pareja, ésta se ayuda mutuamente, somos fraternos, solidarios, para lograr vencer al contrario, pero con el grupo contrario no somos fraternos, luchamos con fuerza para ganarle. Desde el punto de vista ético estamos haciendo lo correcto, jugar para ganar, utilizando nuestras habilidades. Por lo tanto, todos los jugadores deberían jugar para ganar, no se justifica ser bondadoso con el contrario; pueden hacerse concesiones en casos de ventaja pero siempre hay que tener la mira en el triunfo.

Tercero, establecer la importancia de la dimensión ética. Los jugadores que participan juntos un día pueden ser contrarios otro día ya que eventualmente cambian de bando. Por lo tanto, somos fraternos dependiendo del bando en que nos encontramos. Cuando hay jugadores que no juegan al mismo nivel puede producirse cierta desmotivación, es por eso que los grupos suelen formarse con jugadores de similares capacidades para poder competir.

Cuarto, tomar la responsabilidad de generar una solución ética al asunto. Un día se lo dije a otro jugador, utilizando una analogía guerrera, 'cuando juego contigo soy fraterno hasta la muerte pero cuando eres mi competidor ya no te defiendo, eres mi enemigo.' Puede sonar un poco fuerte (como un político resentido social muy famoso en Venezuela) pero es la verdad, somos solidarios en determinadas situaciones y no lo somos en otras. La realidad de la vida demuestra que esa situación se repite en la vida cotidiana; en el amor tratamos de imponernos a un competidor, en el trabajo buscamos destacarnos delante de otros participantes, en las conversaciones tratamos de convencer a los demás.

Quinto, establecer cuáles reglas éticas aplican en el caso. La fraternidad es relativa a los objetivos del grupo al que nos asociamos. En la cancha, jugando dobles, somos fraternos con nuestra pareja y no lo somos con los contrarios mientras dura el juego. Fuera de la cancha podemos ser fraternos si nos sentimos bien con el grupo a título personal, pero si no sentimos simpatía hacia los demás, no hacemos amistad, no somos fraternos. La solidaridad es relativa al grupo al que nos sentimos afines, no es universal, no se es fraterno con los desconocidos.

Sexto, utilizando argumentos, definir alternativas y sugerir una solución. Hasta el momento he utilizado argumentos naturales sobre un juego como lo es el tenis de mesa; se busca ganar a toda costa, haciendo las mejores jugadas y que la bola pegue en la mesa, pasando la malla. Una visión alternativa sería considerar el juego como un pasatiempo donde podemos dejarnos ganar para ser fraternos y subir el ego propio y el de los demás; esta posición no es natural, los seres humanos tratan de demostrar sus habilidades y luchan para demostrar sus fortalezas.

Séptimo, prepararse para recibir críticas y preparar argumentos para contrarrestarlas. Aquí, la mayor crítica es que no debe tomarse el juego tan en serio y competir según las fortalezas del contrario, sin exagerar la capacidad individual contra otros menos afortunados. Contra un novato es posible aceptar un juego menos competitivo pero en el ambiente deportivo normal siempre se juega para ganar.

Finalmente, actuar en consecuencia para resolver la situación identificada. La conclusión es que en los deportes siempre se juega para ganar, no hay alternativa lógica que lo contradiga pero habrá casos excepcionales en que se juega solo para pasar el rato.

Realismo Moral Objetivo

Los seres humanos compiten naturalmente con otros para demostrar sus fortalezas y contrarrestar sus debilidades. No es natural participar en un deporte para hacer el tonto, además, queremos mejorar nuestro juego, demostrar nuestro talento, siempre se busca ganar, es el objetivo del juego; mejorar nuestras habilidades individuales para imponer nuestro juego y derrotar al contrario se convierte en un reto, el pingpong es un deporte que requiere de mucha coordinación cuando se golpea la bola, no es un juego trivial, hasta los campeones fallan con frecuencia.

Subjetivismo

El subjetivismo suele plantearse con el criterio de grupos políticos o religiosos, son los que quieren influir en el comportamiento humano. Es posible que un grupo religioso desee demostrar que no hay que ser competitivo con los compañeros, que estamos en el mundo para ayudarnos y que es un pecado luchar con tanto esfuerzo para doblegar al oponente en un juego. Es una minoría la que piensa así en el caso deportivo, pero siempre hay excepciones. Nunca podrá mejorarse en el juego si no hay competencia, este es un factor motivador para mejorar en la vida.

Emotivismo

El emotivismo se puede expresar en diversas situaciones, aquí voy a presentar algunas. Las emociones pueden llevarnos a sentirnos molestos con una jugada discutible y cuando no hay árbitros; en ciertos casos la pelota no rebota dentro del cuadrado aceptable para el servicio y el contrario no acepta el veredicto. Hay jugadores que catalogan a otros de ciegos desgraciados, que no ven bien, dicen 'que haces jugando si no ves.' Un jugador ejecuta un servicio sin cumplir las reglas y otro jugador se queja animosamente en contra de la validez del servicio. Una pelota rebota contra un borde pero el otro jugador dice que no tocó la mesa. Usualmente, se repite el servicio, sin afectar la puntuación, para mantener una cierta armonía pero pueden quedar heridas personales dependiendo de las emociones que expresan los contrarios.

Prescriptivismo

El juego está definido para competir pero se puede compartir amistosamente durante la práctica, colaborando entre competidores, dando consejo, para que todos mejoren sus capacidades de juego. En los juegos amistosos no hay árbitros que decidan imparcialmente; hay que seguir las reglas, ser caballeros o damas decentes y ser comprensivos ante situaciones imprevistas. Por ejemplo, servir según las reglas correctamente, no apoyar las manos sobre la mesa antes de golpear la bola, repetir el servicio en caso de desacuerdo, etc. En algunas ocasiones, los jugadores definen reglas adaptadas al terreno, por ejemplo, un techo muy bajo, si la pelota rebota en el techo y pega en el lado correcto de la mesa, es válida. Poniéndose de acuerdo, con reglas adaptadas al contexto, puede resolver las discrepancias.

Aspectos más resaltantes del Capítulo 7: Apoyo Ético

- La ética utiliza un sistema de valores para determinar el comportamiento aceptable de las personas durante la vida. La ética define estándares aceptables sobre lo que es correcto e incorrecto, lo bueno y lo malo, en todos los aspectos de la vida

- Razonamiento Ético. El primer paso es reconocer que se ha producido un evento que requiere de nuestra intervención. Segundo, definir si los eventos afectan la dimensión ética. Tercero, establecer la importancia de la dimensión ética. Cuarto, tomar la responsabilidad de generar una solución ética al asunto. Quinto, establecer cuáles reglas éticas aplican en el caso. Sexto, utilizando argumentos, definir alternativas y sugerir una solución. Séptimo, prepararse para recibir críticas y preparar argumentos para contrarrestarlas. Finalmente, actuar en consecuencia para resolver la situación identificada.
- La aplicación de los conceptos morales depende por lo menos de dos factores, uno interno, dependiente de las características personales, y otro externo, dependiente de la interpretación del contexto, del conocimiento sobre el asunto, y de la situación específica
- Existen varias formas de explicar los principios morales, por ejemplo, realismo moral objetivo, subjetivismo, emotivismo y prescriptivismo
- Caso: La Libertad de Expresión en Venezuela. Venezuela, se caracteriza por la violación sistemática de los derechos humanos, viene controlando el acceso a la información de publicaciones marcadas por su oposición al régimen
- Caso: Profesores Afectados por el Sectarismo en Venezuela. A unos profesores contratados a tiempo completo, se les ofrece participar en un concurso de oposición para convertirlos en profesores de escalafón. Solo se ofrecieron cargos a medio tiempo, en lugar del tiempo completo, a pesar de las quejas de los profesores
- Caso fraternidad en el tenis de mesa. No somos fraternos con todos los jugadores, somos solidarios con una pareja mientras jugamos dobles pero no somos fraternos con los contrincantes, a ellos hay que ganarles, no cuenta la simpatía o la amistad. Al final del juego podemos ser fraternales con todos los jugadores, a título personal, si es nuestra voluntad. La fraternidad, por lo tanto, es temporal, no es total

Capítulo 8: Uso de Principios

La identificación de los principios que definen la vida de los ciudadanos en sociedad es fundamental para los políticos. Los políticos tienen principios propios pero además deben entender los principios de los ciudadanos. Si los principios de los ciudadanos difieren de los políticos, y éstos no saben convencer, deben renunciar a sus cargos por incompatibilidad de principios. Aunque un político trabaje para beneficiar a la comunidad, debe poseer principios sólidos para reconocer cuándo es prudente ceder a los reclamos y cuándo no; un político no es un esclavo de la mayoría. Un político que no tenga opinión propia se convierte en un títere manejado por las masas. El político debe convencer a sus partidarios o a la ciudadanía pero si no lo logra debe analizar la conveniencia de seguir en su cargo. Es preferible ser honesto y manifestar su rechazo a medidas incongruentes, inaceptables, que seguir en el cargo solo por complacer la voluntad de la mayoría. Es bien sabido que la mayoría puede estar equivocada.

Los principios se refieren a las verdades fundamentales o proposiciones que permiten establecer sistemas de creencias o para definir una cadena de razonamientos. Los principios se asocian también a teoremas o leyes científicas que se generalizan en campos de estudio especializados; son verdades generales o básicas que justifican otras verdades o teorías relacionadas. Por ejemplo, en política, el principio de separación de poderes sugiere que las instituciones actúen de manera independiente en la toma de decisiones para evitar que un punto de vista único, totalitario, se apodere de todas las decisiones del estado.

Los principios son recomendaciones que se utilizan en muchos casos de forma general, y son bien valorados por las personas, convirtiéndose en una especie de norma. Los principios están asociados a los valores, la importancia que se le da a las cosas. La importancia que se le da a los principios, a los conceptos y a las acciones define el riesgo que se asume para imponer ciertos puntos de vista en lugar de otros. Los principios y valores a que nos referimos en este texto contienen consideraciones sobre alternativas de vida, ética de comportamiento, niveles de importancia entre alternativas y variados temas que aplican a los seres humanos: la vida, el individuo, la sociedad, las ideologías, los sistemas sociopolíticos, y las interrelaciones entre ellos. Los principios y valores son términos relacionados que aplican, en general, al comportamiento y las querencias esperadas de los seres humanos en circunstancias conflictivas.

Los valores definen la importancia que le damos a lo que hacemos en nuestro pasaje momentáneo por la vida; pueden considerarse los lentes a través de los cuales interpretamos el mundo que nos rodea. Proporcionan estándares de comportamiento humano relacionados con juicios sobre lo que es correcto o incorrecto en la vida. Los valores son las ideas que nos guían en nuestras acciones a corto, mediano y largo plazo; los valores nos ayudan a definir nuestras preferencias a la hora de tomar decisiones y nos ayudan a definir heurísticas para facilitar la toma de decisiones. Los valores representan el conocimiento que poseemos sobre lo que funciona en general; por ejemplo, siendo siempre honestos es un valor que debemos utilizar en cualquier ocasión y así gozamos de una reputación consolidada que no deja dudas.

¿Qué valor le damos a los principios? En general, los interpretamos de acuerdo a nuestra propia perspectiva y la comparamos con la visión cultural y social que nos rodea; idealmente, aceptamos ciertas divergencias entre unos y otros con el propósito de convivir en sociedad, aunque no sea por convencimiento, y aún difiriendo, es necesario negociar un arreglo. Los gobiernos están obligados a manejar las situaciones conflictivas, comprendiendo que pueden haber diferencias de opinión que afectan la visión de las personas, y negociar la mejor solución que beneficie a todos los grupos o que los perjudique lo menos posible. A continuación se presentan algunos principios importantes para los políticos y los ciudadanos.

BUSCAR LA VERDAD

La verdad está relacionada con la confianza y nos permite comprender a los que nos rodean. Cada persona o grupo define sus verdades y trata de convencer a los demás utilizando razonamientos. La verdad universal o absoluta es imposible, se debe buscar un balance que convenza a los grupos en disputa para lograr convivir. La verdad absoluta solo existe en los casos simples donde la respuesta es un sí o un no. Ante una pregunta ideológica sobre las bondades de un sistema socialista versus un sistema capitalista, la verdad absoluta no se puede establecer; con argumentos y por experiencia es posible confirmar que el capitalismo siempre ha superado al socialismo y la prueba fehaciente es que los países que simpatizan con el socialismo se han venido convirtiendo al capitalismo ya que se dan cuenta de que la prosperidad solo se logra en capitalismo, nunca en socialismo. 'Siempre debemos convencer, vencer a los demás para imponer nuestra visión dejará cicatrices imposibles de borrar.'

DEFINIR SU PROPIO CAMINO

Elegir su camino significa decidir conscientemente lo que es correcto en el momento apropiado. Son los ciudadanos y los políticos los que deciden qué hacer después de haber analizado las alternativas. Los políticos definen un camino que facilite la toma de decisiones, contribuyen para que los ciudadanos se organicen mejorando su vida y contribuyan a que la sociedad se beneficie con el aporte individual. Un modelo ascendente, de los individuos hacia los políticos busca convencer y si hay aceptación mutua, el político ejerce su función, pero si está en desacuerdo cede su cargo. No es el político el que impone, son los individuos los que aportan y el político decide o no proseguir con la accion propuesta. 'Las decisiones tomadas en la vida definen las rutas del futuro, los ciudadanos y los políticos definen en conjunto el rumbo a tomar, definiendo el camino de la sociedad.'

HACER LO CORRECTO

Los políticos deben hacer lo correcto, son los principios y creencias los que determinan lo que hacen, en general se trata de una decisión moral que dirije las acciones. Hacer lo correcto no evita cometer errores, pero en ese caso debe superarse la situación creada por la falta de precisión. La moral siempre parte de la base de que no hagas a los demás lo que no quieres que te hagan a tí. 'Cuando hacemos lo correcto, según nuestra propia interpretación, al menos estamos protegidos momentáneamente contra interpretaciones divergentes de los demás.'

ELEGIR SUS COMPROMISOS

Es una buena idea definir las actividades en que los políticos van a cumplir las promesas; las responsabilidades que adoptan y el establecimiento de los planes para lograr resultados son pasos hacia la participación constructiva. En la vida hay mucha variedad de actividades en que podemos participar, hace falta definir en cuáles nos implicamos y nos responsabilizamos; no hay tiempo a veces de hacerlas todas, tenemos que definir las prioridades. 'Es imposible cumplir todas las peticiones que nos hacen pero cuando nos comprometemos, debemos cumplir.'

DEFINIR ÉXITO

El éxito es la realización progresiva de ambiciones, propósitos, o ideales. Cada político debe definir lo que constituye su éxito; todos tenemos una visión distinta del éxito, estar siempre ocupados en algo útil, o volverse ricos para no hacer nada o vivir de la renta. Las motivaciones e intereses propios definen el significado del éxito; la edad tiene una gran influencia en lo que consideramos éxito, siendo joven el éxito puede medirse por el dinero acumulado, la fama alcanzada, o la cantidad de amantes conquistadas, mientras que de viejos nos conformamos con actividades que dan satisfacción personal, como por ejemplo, caminar, reunirse con unos amigos, escribir un libro, practicar un deporte. 'La sociedad puede llevarnos a malinterpretar el éxito, tengamos fortaleza de criterio y admiremos nuestra propia interpretación del éxito.'

DEFINA SU PASIÓN

La pasión tiene que ver con la motivación, las emociones, y lo que lo hace sentirse bien. Cuando se identifica lo que nos apasiona nos encontramos en la mejor posición para realizar la tarea felizmente. La pasión por la investigación permite proponer enfoques que contribuyan al conocimiento de las ideologías y los sistemas sociopolíticos. Esa tarea, en general, no reporta grandes ingresos económicos, la gente no se interesa en el conocimiento, prefieren el dinero. Cuando se le ofrece a un conocido la posibilidad de formar equipo para profundizar en cierta investigación, y la respuesta es negativa, rechazando la oferta argumentando que solo le interesa ganarse un dinero y no solo trabajar por pasión en una causa justa, implica que no hay coincidencia en las pasiones. 'Los que actuan con pasión están en una posición motivacional superior que facilita el logro de sus objetivos.'

CONFIANZA RELATIVA

La confianza que tengamos en los demás está relacionada con la convivencia; si no confiamos en los que nos rodean, las actividades no se completan y siempre quedan dudas, al final padecemos una vida plena de inseguridades, no confiamos en nadie. Hay que confiar en los demás mientras demuestran, a través del ejemplo, que son respetuosos y responsables. No se puede confiar plenamente en el gobierno, es mejor vigilarlo y actuar para que cambie de rumbo y evitar mayores daños. 'La desconfianza siempre está latente y sabemos que causa desgaste emocional y físico, los seres humanos demuestran que no son lo confiables que pudieran ser.'

Confiar en los demás es muy importante para sobrevivir, las personas requieren de esa confianza para realizar actividades conjuntas cuando hay división del trabajo, mientras unos hacen una parte, hay otros que hacen las demás. Si una persona está esperando que un trabajo se termine para poder comenzar a hacer otro, debe tener confianza en la ejecución a tiempo y que ésta sea de calidad; si el trabajo no fue terminado a tiempo o la calidad es inaceptable, esto implica retrasos innecesarios. Los grupos son los que dependen más unos de otros ya que el ocio puede convertirse en compañero maligno de las actividades.

La creencia en la confianza está determinada por nuestra experiencias de vida, si confiamos en nuestra pareja, en nuestra familia, en nuestras instituciones, vivimos una vida más segura. Como personas deseamos confiar en los demás ya que así podemos dedicarnos a completar nuestros objetivos y obtener resultados contundentes. Finalmente, tenemos necesidad de confianza para sentirnos libres realizando nuestras labores cotidianas, sin perjudicar a nadie.

En relación a los principios, la confianza tiene su impacto; la libertad es beneficiosa cuando confiamos en los demás ya que nos sentimos en un ambiente seguro sin peligros innecesarios. Si no confiamos en los demás nuestra libertad queda impactada por la autocensura ya que limitamos nuestras acciones ante la inseguridad. La igualdad es impactada por la confianza en vista de que juzgamos a los demás según nuestra interpretación; aquellos en los que no confiamos los asociamos a la desigualdad, y la discriminación hacia ellos se hace patente, mientras que si confiamos en los demás los podemos catalogar como iguales a nosotros y los aceptamos sin contemplación. La fraternidad está definitivamente afectada por la confianza; si no confiamos, definitivamente no vamos a fraternizar con los demás; si confiamos, podemos mantener una mejor colaboración con los otros.

TENER CONFIANZA EN SÍ MISMO

Confianza significa sentirse seguro de usted mismo y de sus habilidades – no necesariamente de manera arrogante, sino realista y segura. Tener confianza no es sentirse superior a los demás, es tener conocimiento de sus capacidades. Por supuesto, las personas tienen muchas dudas en la vida y pasan por procesos de prueba y error hasta que finalmente maduran y se dan cuenta de lo que son capaces. 'Tenemos que entender nuestras fortalezas y debilidades y movernos en el mundo enfatizando las fortalezas.'

MANTENER LA POSITIVIDAD

La positividad se relaciona con el optimismo, mirando el lado bueno de la vida y esperando buenos resultados. Ser positivo es difícil, los inconvenientes de la vida nos hacen cambiar de curso y hacernos negativos. En general, el que ha vivido por mucho tiempo tiende a sospechar de la positividad de la vida y adoptar una visión negativa ganada por la experiencia. A pesar de todo, la positividad es preferible a una vida de quejas y reconcomios. 'La positividad suma, la negatividad resta.'

RESPONSABILIDAD

Los políticos deben ser siempre los mayores responsables de sus acciones, no se necesitan benefactores que estén pendientes de cómo les va a los ciudadanos en la vida, haciéndolos dependientes. Los gobiernos no deben intervenir en la independencia individual, al contrario la deben promover, siempre y cuando sea beneficiosa para el individuo y colateralmente para la comunidad. La intervención para mejorar las consecuencias de las acciones individuales significa eliminar la esencia misma de la libertad y convertirla en tiranía, independientemente de lo benevolente que sea la intención. 'La responsabilidad es la mayor fortaleza de los políticos, aquellos que la ejercen trascienden hacia la esencia del ser humano.'

Por ejemplo, hoy en día muchos países han legalizado el consumo de mariguana, los consumidores están felices con esta oportunidad, quieren ser libres y fumar donde quieran y cuando quieran, pero los vecinos salen perjudicados por el humo, éste invade sus viviendas, ¿cómo se resuelve el problema? No es justo que los vecinos se traguen el humo por permitir la libertad total de los consumidores, tienen que haber ajustes, aquí se viola el principio de que no hagas lo que no quieres que te hagan.

SER RESPONSABLE

Ser responsable significa que el político se aprecia y considera que hay otros que dependen de él; mantenga sus promesas y honre sus compromisos, así construye una reputación sólida. Los que son responsables no buscan excusas por lo que hicieron en vista de que son honrados; si cometieron un error lo enfrentan con gallardía. Asumir responsabilidades es la mejor alternativa para una vida saludable, hace que la motivación esté justificada por un compromiso asumido. 'Defina sus responsabilidades para así estar motivado para la vida; aquellos que no se responsabilizan viven una vida superflua que no da satisfacciones.'

LAS ACCIONES SON LAS QUE CUENTAN

Pensar es una cosa pero actuar es otra, póngale atención a lo que haga y evite el mal comportamiento. Cuando los gobiernos violan los derechos humanos, accionan en contra de los ciudadanos, y por lo tanto deben ser penalizados; lo que le pase a los ciudadanos deben pagarlos los mandatarios que gobiernan, la cárcel es una opción. Aunque un servidor público piense que una ley es injusta, no debe decidir incumplirla por su propia voluntad ya que estaría incumpliendo con su responsabilidad y pondría en peligro su estabilidad laboral. 'Tómese su tiempo para reflexionar antes de actuar, una vez que actúe, aténgase a las consecuencias.'

COMPRENDERSE A USTED MISMO

Los políticos deben comprenderse primero que todo a sí mismos, es una manera de tener éxito en la vida, entendiendo sus fortalezas y debilidades. Antes de embarcarse en un proyecto de vida hay que hacer un esfuerzo por entender la motivación, las pasiones y los intereses que nos mantienen vivos. No es un proceso fácil, requiere tiempo y estudio; para muchos, entenderse y comprender la participación social requiere toda una vida, otros puede que nunca se conozcan, o prefieran no conocerse para mantener cierta autoestima. La contribución de cada político depende de la interpretación que hacen de la vida, a partir de allí, necesita definir sus fortalezas y debilidades para dedicarse a participar en lo que lo motiva y lo mantiene con interés en seguir sirviendo. 'Es más importante conocerse a sí mismo antes de tratar de interpretar a los demás, al fin de cuentas es el político el que convive consigo mismo.'

DESCUBRA QUIÉN LO VALORA

Vivir en un ambiente en que no somos valorados es desmotivador, es mejor cambiar de ambiente y reunirse con gente que nos aprecie y reconozca nuestra importancia. El proceso de descubrimiento de quién nos valora también tiene sus altos y bajos, no es fácil descubrir quién nos valora, la gente es muy hipócrita y mantiene la incógnita por mucho tiempo por intereses propios. Además, las personas tratan de mantener las apariencias y mienten hasta que ocurren eventos irremediables que demuestran el descontento hacia los afectados. 'La vida es muy corta como para convivir con ciudadanos que no nos valoran.'

NO LAMENTARSE DE LO QUE HACEMOS

No hay porque lamentarse de lo que hicimos, a menos que hayamos perjudicado a otros, en este caso debemos arrepentirnos públicamente y aceptar la pena que nos depare la sociedad. Los políticos hacen cosas de forma distinta, hay que aceptar lo que se hizo sin peso de consciencia; si brindó una ayuda y no se la reconocieron no se arrepienta; no se moleste en dudar de lo que pudo haber hecho y no hizo, siempre habrá nuevas oportunidades; los políticos deben evolucionar hacia nuevas realidades, el futuro depara nuevos retos. A veces creemos que hemos perdido el tiempo en una actividad y nos arrepentimos por haber colaborado, esa enseñanza nos permite ser más certeros en nuestras decisiones; es mejor no lamentarse y seguir adelante con nuestros objetivos de vida. Las decisiones que tomamos en la vida van conformando nuestros criterios y nos hacen más asertivos, ante nuevas situaciones actuamos en función del cúmulo de experiencias anteriores. 'Actuando de buena fé tenemos confianza en nuestra contribución, cualquier juicio externo, contrario a nuestra visión, no debe tener impacto negativo en nuestra autoestima.'

LIBERTAD

La libertad es inalienable, es un derecho humano, nadie tiene derecho a restringir nuestra libertad de movimiento y toma de decisiones. Debe evitarse la limitación de la libertad de los políticos en vista de que vamos en contra de la esencia misma de lo que significa ser humano. Los gobiernos deben retroceder ante las situaciones en que son ellos los causantes de la pérdida de libertad de los individuos. Sin libertad la gente se desmotiva para vivir. A muchas personas les hace falta la libertad, sentirse restringido es desagradable. No es posible vivir sin libertad. Los ciudadanos deben luchar por su libertad, aquellos que intenten poner en peligro la libertad de otros deben ser combatidos. La libertad es uno de los principales elementos que mantienen activos a los seres humanos. 'No hagas a otro lo que no quieres que te hagan a tí es un buen comienzo para respetar la libertad de las personas.'

LIBERTAD SIN RESTRICCIONES

La libertad es aceptable mientras no perjudiquemos a los demás, pero los grupos humanos siempre encuentran una manera de interpretar las situaciones para alterar los límites de la libertad a su conveniencia. La libertad individual significa poder tomar decisiones acertadas, o decisiones equivocadas, poder triunfar, y aceptar el fracaso. La libertad está enemistada con la autoridad ya que ésta restringe la libertad para complacer a unos en contra de otros. La libertad es uno de los principios principales de cualquier ideología, por lo tanto, la libertad está consagrada a todos los seres humanos sin distinción política. La única forma de aceptar una autoridad organizadora es por el convencimiento no forzado de los participantes; dicha autoridad no está impuesta por la fuerza sino por la necesidad de lograr objetivos. 'Para vivir en sociedad tiene que haber un balance entre la libertad individual y la autoridad administrativa en vista de que es la única manera de lograr una convivencia armoniosa.'

LA LIBERTAD DE EXPRESIÓN

Todo el mundo tiene el derecho a la libre opinión y expresión sin interferencia de terceros. Asimismo, tiene derecho a buscar, recibir e impartir ideas e información a través de cualquier medio y sin tomar en cuenta fronteras. La libertad de expresión tiene sus responsabilidades, todo lo que digamos puede ser refutado y sometido a una revisión independiente para determinar si se ha perjudicado a otra persona o grupo injustamente. La libertad de expresión está emparentada con la verdad en vista de que busca esclarecer los argumentos con puntos de vista soportados por criterios sólidos, que profundizan en los conocimientos para convencer a los involucrados. 'La libertad de expresión siempre es preferible a la censura ya que profundiza los horizontes del conocimiento en lugar de aceptar criterios atrasados que solo nutren la injusticia en la sociedad.'

LIBERTAD DE PENSAMIENTO

La libertad de pensamiento, también conocida como la libertad de conciencia, es la libertad de los individuos para mantener o considerar hechos, puntos de vista, o pensamientos, independientemente del punto de vista de los demás. La libertad de pensamiento es más personal, cada uno tiene derecho a pensar lo que quiera dentro de su mundo interior. Sin embargo, una cosa es pensar y otra muy distinta actuar. Cuando actuamos, significa que ponemos en práctica nuestros pensamientos y ya debemos responder ante la justicia o los criterios establecidos por la sociedad. Piensa lo que quieras antes de actuar, pensar favorece la toma de decisiones; no actues sin pensar. 'El pensamiento nos puede ayudar a ser sabios, debemos profundizar en nuestros pensamientos antes de ponerlos en práctica.'

LA COERCIÓN ES INACEPTABLE

Las políticos deben estar libres de coerción. La coerción es la interferencia o limitación de nuestras acciones impuesta por otros; suele implicar que otros quieren dirigir nuestras acciones. La coerción es una amenaza a la libertad y por lo tanto hay que restringirla. La coerción solo se justifica para evitar que se ejecuten o repitan acciones que van en contra de la justicia y requieren del convencimiento de los participantes. La coerción no puede justificarse por la imposición de una ideología que decide utilizar el rumbo totalitario. 'La coerción debe denunciarse en todos los contextos y el imperio de la ley decide el castigo a imponer a los que ejecutan medidas coercitivas.'

DESIGUALDAD NATURAL

Los seres humanos quieren ser igual a todos los demás, principalmente iguales al vecino rico que tiene de todo lo que se le pueda ocurrir. Los pobres quieren vivir igual que los ricos sin hacer el mismo esfuerzo o tener la suerte que otros tuvieron. Los pobres dicen, por qué dispongo de menos bienes que los demás, aunque no me guste trabajar quiero ser igual a los que poseen bienes de fortuna. Los ricos dicen, trabaja como yó o como mi familia que trabajó por generaciones para así disponer de muchos bienes.

Los seres humanos se caracterizan por sus diferencias no por sus igualdades. Algunos dirán que todos somos iguales a imagen y semejanza de nuestro señor todo poderoso. Según la religión, Dios nos trajo al mundo bajo el mismo cielo, para disfrutar de lo que existe, y nadie tiene derecho a vivir mejor que otro. Esta visión religiosa es inexacta, las personas se las apañan para trabajar más y poder vivir mejor, aquellos que solo esperan que los demás les regalen no merecen vivir mejor.

La igualdad depende del mérito, dos personas pueden vivir en iguales condiciones si tienen las mismas capacidades y habilidades, o han tenido suerte y oportunidades en la vida, pero en caso contrario no se justifica la igualdad. 'La naturaleza humana nos ha hecho diferentes, por lo tanto, inventar una igualdad inexistente solo hace acrecentar la envidia de unos contra otros.'

FRATERNIDAD RELATIVA

La fraternidad solo existe en contextos bien precisos donde todos los participantes coinciden en los enfoques establecidos, tienen similares objetivos, o desean colaborar voluntariamente independientemente de la situación. La fraternidad no es un concepto automático en los seres humanos, unos nacen con esa habilidad, otros no. La fraternidad no es total en la sociedad, algunos la favorecen y otros no. Muchos quisieran que fueran fraternos con ellos aunque no los conocieran, piensan que todo ser humano merece consideración y fraternidad, sin reconocer que ésta depende de los méritos.

La fraternidad depende de cómo se interpreta la vida en comunidad, si todos trabajan y todos contribuyen, es posible compartir en iguales términos con los demás, pero si unos tienen que trabajar más que los otros, la repartición debe tomar en cuenta el mayor esfuerzo y la calidad del producto o servicio; los que trabajan más y mejor, tienen derecho a vivir mejor. Hay gente en contra de las personas poco fraternas, que no ayudan a los demás, un día van a necesitar de otro y puede que no los traten bien. Ser fraterno con los demás es un mérito que nos predispone a poder aspirar a que sean fraternos con nosotros cuando lo necesitemos. 'La fraternidad no es automática, se gana con la cooperación demostrada en otros contextos, los desconocidos son excluidos de la solidaridad a que aspiran.'

Aspectos más resaltantes del Capítulo 8: Uso de Principios

* Los principios están asociados a los valores, la importancia que se le da a las cosas. Son recomendaciones que se utilizan en muchos casos de forma universal, son bien valorados por las personas, convirtiéndose en una especie de norma
* Los principios se refieren a las verdades fundamentales o proposiciones que permiten establecer sistemas de creencias o para definir una cadena de razonamientos
* Los valores definen la importancia que le damos a la vida; pueden considerarse los lentes a través de los cuales interpretamos el mundo que nos rodea
* 'Siempre debemos convencer, vencer a los demás para imponer nuestra visión dejará cicatrices imposibles de borrar'
* 'Las decisiones tomadas en la vida definen las satisfacciones del futuro, no se queje de sus fracasos ni sea arrogante con sus triunfos'
* 'Cuando hacemos lo correcto, según nuestra propia interpretación, al menos estamos protegidos momentáneamente contra interpretaciones divergentes de los demás'
* 'Es imposible cumplir todas las peticiones que nos hacen pero cuando nos comprometemos, debemos cumplir'
* 'La sociedad puede llevarnos a malinterpretar el éxito, tengamos fortaleza de criterio y admiremos nuestra interpretación del éxito'
* 'Los que actúan con pasión están en una posición motivacional superior que facilita el logro de sus objetivos'
* 'La desconfianza siempre está latente, los seres humanos demuestran que no son lo confiables que pudieran ser'
* 'Tenemos que entender nuestras fortalezas y debilidades y movernos en el mundo enfatizando las fortalezas'
* 'La positividad suma, la negatividad resta'

- 'La responsabilidad es la mayor fortaleza de los individuos, aquellos que la ejercen trascienden hacia la esencia del ser humano'
- 'Defina sus responsabilidades para así estar motivado para la vida; aquellos que no se responsabilizan viven una vida superflua que no da satisfacciones'
- 'Tómese su tiempo para reflexionar antes de actuar, una vez que actúe, aténgase a las consecuencias'
- 'Es más importante conocerse a sí mismo antes de tratar de juzgar a los demás, al fin de cuentas es Ud. el que convive consigo mismo'
- 'La vida es muy corta, es preferible apartarse de aquellos que no nos valoran e integrarse con aquellos que reconocen nuestro valor'
- 'Actuando de buena fé tenemos confianza en nuestra contribución, cualquier juicio externo, contrario a nuestra visión, no debe tener impacto negativo en nuestra autoestima'
- 'No hagas a otro lo que no quieres que te hagan a tí es un buen comienzo para respetar la libertad de las personas'
- 'Para vivir en sociedad tiene que haber un balance entre la libertad individual y la autoridad administrativa en vista de que es la única manera de lograr una convivencia armoniosa'
- 'La libertad de expresión siempre es preferible a la censura ya que profundiza los horizontes del conocimiento en lugar de aceptar criterios atrasados, injustos'
- 'El pensamiento nos puede ayudar a ser sabios, debemos profundizar en nuestros pensamientos antes de ponerlos en práctica'
- 'La coerción debe denunciarse en todos los contextos y el imperio de la ley decide el castigo a imponer'
- 'La naturaleza humana nos ha hecho diferentes, por lo tanto, inventar una igualdad inexistente solo hace acrecentar la envidia de unos contra otros'
- 'La fraternidad no es automática, se gana con la cooperación demostrada en otros contextos, los desconocidos son excluidos de la solidaridad a que aspiran'

Capítulo 9: Los Grandes Pensadores

Los políticos requieren de variadas herramientas para analizar y concebir los factores que definen la dirección de la sociedad; una de las estrategias requiere convertirse en un gran pensador. Un gran pensador es un sabio, aquel que entiende la vida y el papel que juega en la comunidad; los políticos deberían ser sabios, saber de muchas cosas un poco y saber mucho de política. Los políticos se caracterizan por identificar los grandes temas que definen la vida de los seres humanos; por prepararse en los temas más relevantes utilizando las ideas más apropiadas; por examinar las situaciones en profundidad, por analizar varios niveles del por qué y el cómo de lo que se necesita en la vida; por comprender y proponer ideas y principios; por analizar el por qué del porque y buscan alternativas sobre el cómo; por llegar a conclusiones y soluciones probadas con criterios y estándares demostrables; por pensar con mente abierta, aceptando la crítica constructiva; y por comunicarse eficazmente con partidarios y opositores.

Identificar los Grandes Temas

Los grandes pensadores deben tener una capacidad especial para identificar los temas más importantes para la sociedad y los individuos, estudiarlos en profundidad, y proponer las mejoras necesarias. Los grandes temas que afectan a la humanidad son los que requieren de la materia gris para razonar y proponer grandes soluciones. Los temas que afectan la vida de los seres humanos se convierten en los principales temas a estudiar, cómo vivir mejor, cómo convivir, qué sacrificios realizar, qué responsabilidades adoptar, que solidaridad ofrecer, etc. En todas las áreas que afectan a los seres humanos, tales como filosofía, psicología, religión, ideología, biología, medicina, ingeniería, economía, etc., hay que identificar los temas de importancia y proponer mejoras. Los humanos deben estar siempre dispuestos a esforzarse para mejorar su vida individual y considerar a la vez que existen otros a su alrededor que requieren de cierta consideración.

Tradicionalmente, la economía ha sido el eje de la evolución social dejando muchos otros factores fuera de la ecuación, por ejemplo, la moral, la justicia, la libertad. La economía tiene la misma importancia que los factores humanos, por lo tanto ambos factores deben ser abordados cuando se toman decisiones que afectan a las sociedades. Solo concentrarse en la economía ha demostrado que no hay mejora contundente en la repartición de la riqueza producida, siempre quedan muchos sin beneficiarse; de qué vale mejorar solo a la población económicamente si los demás valores humanos no son respetados. Adicionalmente, la alternativa globalizante ha sido contraproducente, utilizando la economía hacen ver que los países pobres mejorarán con el financiamiento foráneo, escondiendo el interés verdadero, hacer ricos a los empresarios que invierten en esos países y a las élites gubernamentales locales que se benefician. La realidad ha sido que se ha producido una multiplicación de gobiernos totalitarios que perjudican los derechos humanos de los habitantes; la libertad, la justicia, la moral, y las buenas costumbres siguen deteriorándose; y además, los ricos siguen siendo más ricos, y los pobres siguen siendo más pobres.

Los grandes pensadores deben prepararse intelectualmente en todos los temas importantes, aquellos que los afectan personalmente y a las sociedades en que se desenvuelven. Son innumerables los temas que deben ser estudiados, la importancia de la vida, del planeta, del universo; la historia, la geografía, la política, la economía, la salud, la educación, el comercio; la importancia del individuo y su relación con la sociedad y así sucesivamente. Los políticos deben estar preparados intelectualmente para comprender los problemas, primeramente en su entorno cercano de poder, y también en el entorno ideológico que determina la relación sociopolítica entre todas las corrientes idealistas y su preferencia específica.

Cuáles son los límites de la libertad

La libertad se considera un valor humano, implica que se le permite a los individuos perseguir sus pasiones sin interferencia externa, ellos deciden dónde vivir, dónde trabajar, de quién enamorarse, etc. El único motivo por el cual debe prohibirse la libertad individual es para evitar que se perjudique a otro individuo físicamente o moralmente; este principio se extiende a grupos, organizaciones, etc. Por lo tanto, las leyes se escriben para prevenir a los individuos (o grupos) e indicarles cuáles son sus límites. Los individuos (o grupos) se benefician de la existencia de las leyes en vista de que los protegen contra posibles agresiones injustificadas. Las comunidades deberían formarse libremente, de manera voluntaria, los individuos deciden hasta qué punto colaborar en la comunidad, en qué áreas de actividad y con quién participar; no es el estado el que decide por ellos.

Cuál es la importancia del individuo

Los seres humanos son primeramente individuos, con motivaciones e intereses propios, y que responden también a influencias externas, emanadas de la familia o la sociedad. Nacemos con características únicas, distintas de nuestros congéneres, y es, por lo tanto, conveniente respetar la idiosincrasia de cada individuo. Es bien conocido el dilema individuo-colectividad donde algunos colocan a la colectividad por encima del individuo y otros colocan al individuo primero pero cediendo a necesidades grupales. La colectividad es una abstracción que solo sirve para identificar a un grupo completo pero que no representa a cada uno de los individuos. Querer obligar a las personas a seguir un lineamiento colectivista representa una visión totalitaria de la vida, la cual hay que evitar.

Cuál es la importancia de la igualdad

Aunque los seres humanos no son iguales, ya que hay mucha diversidad, se aspira a que todos puedan subsistir satisfactoriamente de acuerdo a su propio esfuerzo. Todos sabemos que nacemos en un determinado contexto que define cuales son nuestras perspectivas en la vida; todos quisiéramos tener oportunidades de progresar y hacernos sabios. Pero la realidad demuestra que es básicamente imposible modificar esas condiciones. Los gobiernos deben estructurar las instituciones que faciliten la mejora de las condiciones de vida de los habitantes sin intervenir directamente con dádivas dañinas para la superación personal. Por supuesto que los casos extremos de personas necesitadas sí debe solucionarse pero con una visión a mediano y largo plazo que garantice su integración autosustentada en la sociedad.

Cuánto poder deben poseer los gobernantes

El poder de los gobernantes está definido por el contrato social con el estado. Existen al menos tres puntos de vistas, Hobbes promueve un contrato en que los individuos ceden sus derechos al estado, favorece una soberanía legal decidida por el estado. Locke promueve un contrato social condicional en que el gobierno tiene límites en su poder y debe rendir cuentas de su gestión, se trata de una soberanía política. Finalmente, Rousseau favorece el gobierno del pueblo y lo convierte en el verdadero dirigente, por lo tanto, favorece la soberanía popular. El poder del estado define la tendencia democrática o totalitaria de la sociedad, se diferencian, entre otros factores, por permitir el libre mercado o favorecer la planificación centralizada y el control de los grandes medios de producción.

Importancia de la propiedad privada

La propiedad privada es solo uno de los aspectos que definen una sociedad libre. Los individuos pueden producir eficazmente si cuentan con la libertad de intercambio de productos y servicios. Es bien reconocido el dicho de que 'si no hay dueño, nadie cuida las cosas,' es el que padece la calidad de un producto o servicio el que mejor puede influir en que se corrijan la cosas; si un propietario recibe quejas del producto o el servicio, es el propietario el que tiene la capacidad de tomar las medidas correctivas en vista de que tiene el poder de decisión para hacerlo; si el propietario no corrige la situación, perderá los clientes y éstos buscarán otros suplidores. Si el productor o el proveedor del servicio es la 'colectividad,' un ente abstracto, no hay posibilidad de corregir eficazmente los procedimientos ya que nadie se considera responsable.

El derecho a la propiedad significa la capacidad de poseer propiedades, manejarlas libremente, determinar el uso que le damos y disponer de ellas a discreción propia. La propiedad hay que defenderla en todo contexto, siempre y cuando no infringimos la libertad o los derechos de propiedad de los demás. La propiedad es un reflejo de la libertad individual, es nuestra decisión la que tiene preferencia, por encima de la imposición de una ideología. Cuando las ideologías van en contra de la naturaleza humana, han decretado su fracaso; el que quiera compartir la propiedad con otros que lo haga, pero el que la quiera conservar también tiene su derecho. El derecho a la propiedad también se considera un derecho humano, por lo tanto, hay que defenderlo como tal; los que proponen propiedad compartida también la pueden implantar con los que estén de acuerdo, pero nunca se debe aceptar la imposición a toda la sociedad. 'El esfuerzo humano se transforma en la posibilidad de poseer un bien, ganado con nuestro propio sudor, la propiedad privada es un concepto que demuestra nuestras capacidades naturales.'

Cuál es la importancia del estado de derecho

El orden social requiere de la colaboración de los afectados, los valores, creencias, normas, prácticas que se acuerdan en comunidad deben ser respetados por los participantes. Cuando unas normas no representan el deseo de los ciudadanos, deben existir alternativas de corrección de los defectos, las leyes deben ser adaptadas a los nuevos puntos de vista. Cuando se mantienen leyes injustas, los ciudadanos comienzan a sentir repudio hacia los sistemas establecidos ya que no hay manera de cambiarlos.

Importancia de los sistemas democráticos representativos

La democracia es un sistema de gobierno que permite la participación de los ciudadanos en las decisiones del estado. A través de instituciones independientes del ejecutivo es posible limitar el poder del ejecutivo para recuperar el balance de la sociedad y permitir mayor estabilidad. En democracia, cada poder del estado tiene responsabilidades específicas y controla la ejecución de los demás poderes. El ejecutivo tiene que buscar un consenso con los demás poderes para convencerlo de la bondad de una determinada propuesta, o sea, el ejecutivo no tiene poder totalitario sobre los demás poderes. Existen democracias presidencialistas y democracias parlamentarias que funcionan de acuerdo a procedimientos predefinidos pero que al fin de cuentas buscan que la población tenga cierto grado de participación.

El tema de los países que quieren independizarse

Se piensa que los países deben crecer para hacerse económicamente más fuertes y no se acepta la autonomía provincial ni la independencia regional. Además de la economía, hay otras consideraciones de importancia como la cultura, las tradiciones, la diversidad, la libertad, que deben tomarse en cuenta. Existen países muy extensos que parecen funcionar a pesar de su tamaño y su diversidad, aquí señalo directamente a los Estados Unidos de Norteamérica; tiene provincias autónomas y parece funcionar, representa una alternativa viable, en lugar de la independencia provincial total. Allí, los estados tienen autonomía y pueden decidir sobre temas controversiales, pasando por encima del gobierno federal. Hay otros países muy extensos que desean regresar a épocas superadas, por ejemplo, Rusia, que sueña con volver a ser la Unión Soviética.

Existen muchos casos de países que desearían independizarse pero hay fuerzas conservadoras que no se lo permiten, ejemplos, Quebec, Cataluña. Quebec tiene una tradición cultural, además del francés, que lo diferencia del resto de norteamérica por lo cual tiene una motivación independentista bastante fuerte; Canadá ha rechazado siempre la separación de Quebec. Cataluña también tiene una motivación similar, cultural y lingüística con el resto de España, pero ésta no quiere ceder. En ambos casos, debe negociarse una transición que sea beneficiosa para todos, una especie de Commonwealth donde la nueva nación se comunique con la existente sin causar mayores roces.

El tema de la guerra, los militares

Usualmente, los seres humanos recurren a la violencia para hacer valer sus opiniones, cuando son distintas de otros que los rodean. ¿Por qué los países mantienen fuerzas militares si hay paz entre los países, por qué se mantiene una fuerza militar? aunque uno esté en favor de la paz debe reconocer que los seres humanos son belicosos, y ante este potencial es preferible protegerse. Además, los militares se convirtieron en una tradición y se mantienen como institución por costumbre. Muchas veces, los militares se utilizan para aplastar a la oposición política que busca mejoras para la sociedad, y dejan la defensa del territorio en un segundo plano. Los militares, por su capacidad de fuerza, se convirtieron en la institución que apoya a los regímenes autoritarios, por eso los socialcomunistas apoyan la visión cívico-militar para los pueblos.

¿Por qué se enfrentan militarmente los países. Para defenderse? Para conquistar otros territorios? Por costumbre, para justificar su existencia? Las civilizaciones modernas deben resolver sus disputas en mesas de trabajo y no en la batalla, no se justifica imponer por la fuerza un punto de vista, o en nombre de la defensa comenzar el ataque. Es evidente que los seres humanos no han llegado al punto de resolver sus disputas pacíficamente, siempre aparece el animal que tienen por dentro y toman las armas para liquidar al opositor. Aún en el siglo XXI, se observan intentos de conquista de territorios a sabiendas de que hay suficientes territorios en el universo para repartirse entre los humanos. Para justificar su existencia, la institución militar tiene que inventar conflictos en cualquier parte, y son los políticos los que los ayudan a mantenerse activos.

En Venezuela hay un gobierno injusto que impone sus puntos de vista sin consultar a la población. Los militares se convirtieron en la fuerza que sostiene al régimen, sin ellos, el gobierno nefasto ya hubiese sido derrocado. La oposición venezolana lleva años tratando de facilitar la toma de decisiones de la población y el restablecimiento de la democracia. El gobierno 'caradura' dice que se sienta en la mesa de negociación siempre y cuando acepten al administrador de las cajas CLAP (cajas de comida subsidiadas por el gobierno) en la mesa de discusión (como ahora está en prisión, ofrecen a la esposa como participante). ¿Qué tiene que ver un comerciante con la transición a la democracia? Es una falta de respeto a la dignidad de los venezolanos que el gobierno usurpador tenga el poder de forzar a los negociadores a aceptar semejante atropello. Por supuesto, no importa qué se haga en esa mesa de negociación, ya el resultado está amañado antes de comenzar.

La orientación de la Sociedad

Las sociedades tienen que definir cuáles son los valores a perseguir, cuáles son las actividades que le dan sentido a la vida en comunidad. Toda sociedad necesita de actividades consensuadas para complacer el significado de la vida de sus habitantes. Tradicionalmente, se requieren actividades culturales, comerciales, educativas, intelectuales, científicas, de salud, de bienestar social, etc. Una cosa es qué es lo que se necesita y otra cosa es cómo se implanta; las ideologías tienen una orientación superficial del qué y una fuerte visión del cómo hacer las cosas.

Orientación a la producción

Toda sociedad requiere de una orientación a la producción de bienes y servicios, todos comemos y bebemos, necesitamos vestirnos, necesitamos cobijo, y nos ganamos la vida trabajando para vivir decentemente. La orientación a la producción define hasta que punto el estado favorece la beneficencia, hay estados que minimizan esta última para que el progreso dependa del esfuerzo humano; se busca que los ciudadanos sean independientes y no dependan del estado bienhechor, el cual a demostrado solo el interés de mantenerse en el poder comprando la voluntad de los ciudadanos. Es bien sabido que muchos políticos se dedican a enriquecerse con los dineros públicos haciendo ver que trabajan para la mayoría.

Orientación al comercio

El comercio es una de las profesiones más antiguas de la humanidad, por lo tanto, no hay contradicción cuando decimos que todas las sociedades incluyen el comercio en sus actividades. Sin embargo, el comercio siempre ha estado manejado por especuladores que se benefician de las debilidades humanas. El comerciante siempre quiere ganar por lo menos el 'diez por ciento,' compra a diez y vende a ciento; por supuesto sabe que así se gana diez veces más de lo que pagó. Los comerciantes nunca han tenido escrúpulos, no les importa que pasa a su alrededor, siempre piensan en ellos primero; aquí aplica la importancia de la competencia, cuando ésta existe, ya el comerciante tiene que ceder ante otros vendedores que ofrecen el mismo producto a precios menores. La intervención de los gobiernos controladores en la definición de los precios nunca ha traído beneficios, si la imposición de precio es muy baja no hay quien produzca esos productos.

Orientación a la cultura

Las sociedades producen los conocimientos y costumbres que caracterizan a una población determinada y son transmitidos de generación en generación, el lenguaje, los hábitos y los valores son algunos de los aspectos que conforman la cultura. Por ejemplo, cultivar el conocimiento y la educación es una potencialidad que determina la capacidad intelectual de las civilizaciones, el avance de la cultura y qué les permite progresar. La cultura es el resultado de la acumulación de conocimientos, en diferentes circunstancias, que se transmite por años a la población. La cultura distingue a la sociedad en su conjunto pero nunca puede distinguir a un individuo en particular ya que éste decide cuáles aspectos conserva y cuáles no. Una sociedad que valore el conocimiento tiene un potencial creativo, útil, para hacer progresar a su población, mientras que la posición contraria lleva a la ignorancia y a la dependencia.

Favorecer a los pobres

Tradicionalmente, las sociedades no se han dedicado a favorecer a los pobres como un objetivo de vida, la tendencia es dejar a los que trabajan progresar y a los que no producen, olvidarlos. Las sociedades modernas tratan de tomar en cuenta la inequidad de oportunidad que tienen los pobres y aplican medidas para irlos integrando a un proceso productivo donde todos se beneficien. Ese proceso es muy lento en vista de que los pobres no están, normalmente, orientados al conocimiento ya que éste no genera comida diaria; el conocimiento tiene un proceso largo de desarrollo para hacerse productivo en el día a día. Definitivamente, una sociedad que se respete debe integrar a los pobres y ayudarlos a progresar, tomando en cuenta que muchos pobres no buscan beneficencia, buscan oportunidades.

Favorecer a los trabajadores

Los trabajadores representan la fuerza laboral que produce la mayor parte de los bienes y servicios requeridos en una sociedad. Los trabajadores son todos los ciudadanos, la diferencia está en qué es lo que hacen; unos no tienen mayores habilidades y representan lo que se llama el común de los trabajadores, en otras palabras los pico y pala, la falta de conocimiento los coloca en los lugares más bajos de la pirámide de salarios. La sociedad debe organizarse para que todos tengan lo suficiente para subsistir, ganandose la comida con el sudor de su frente. Si la sociedad mantiene una población laboral con ingresos insuficientes, genera inconsistencias que repercuten en el buen funcionamiento de la sociedad; esas inconsistencias no se resuelven con decretos totalitarios que obligan a los empresarios a pagar sueldos que no corresponden con la realidad económica. Los salarios justos no pueden ser impuestos, lo que se requiere es facilitar la competencia para que el mercado regule automáticamente la oferta y la demanda de empleo. Medidas temporales son aceptadas pero solo para justificar la subsistencia de los mas necesitados, a largo plazo se requiere un mecanismo que no utilice la lealtad partidista de los más desaventajados.

Fomentar el poder de los trabajadores y disminuir el de los gerentes

El tema de la participación de los trabajadores en las decisiones gerenciales está influido por el tipo de sistema social en que nos desenvolvemos. Las ideologías de izquierda, socialismo, comunismo, anarquismo parecen favorecer a los trabajadores por sobre los gerentes, aunque no debemos fiarnos demasiado por las apariencias. El socialismo y el comunismo funcionan con criterios centralizados, donde la participación del trabajador es menor; el anarquismo es descentralizado, por lo tanto, el trabajador tiene mayor participación. Las ideologías de derecha, los conservadores, los capitalistas, los fascistas, favorecen una toma de decisiones parcializadas a la gerencia o la propiedad privada. Las demás ideologías de centro, liberalismo y socialdemocracia tienen una posición más conciliadora, el trabajador tiene mejores posibilidades de participar.

El problema de los grandes proyectos es que requieren de la toma de decisiones razonadas y acotadas; el tiempo para decidir es generalmente corto y no es conveniente retrasar las conclusiones. Por lo tanto, aunque en principio la participación del trabajador es bienvenida, la toma de decisiones debe ser tomada por los responsables asignados y no por una junta de trabajadores. Por lo tanto la jerarquía es fundamental en el socialismo, el comunismo, el conservatismo, el fascismo, y el capitalismo; mientras que el anarquismo, el liberalismo y la socialdemocracia tratan las decisiones con mayor dinamismo descentralizado.

Profundidad de Pensamiento

Las ideas pueden estudiarse a distintos niveles de profundidad; superficialmente podemos comenzar a comprender, pero solo a medida que profundizamos encontramos elementos que aclaran las necesidades y llegamos a soluciones satisfactorias. Un ejemplo es el tema de la sociedad socialista, que superficialmente suena atractiva, todos colaborando con todos pero que en la práctica no funciona. Los socialistas suponen que el sistema capitalista crea monstruos que solo piensan en ganar dinero a costa de los demás. Para el socialismo, si la gente no es egoísta todos podemos vivir mejor, los que tienen comparten sus bienes con los que no tienen y pueden redistribuir las ganancias. Se ha comprobado en cientos de ejemplos que esos criterios no funcionan, la gente debe entender que tiene que ganarse el sustento con el sudor de su frente, sin esperar la buena voluntad de nadie; cuando la gente es dependiente de lo que los demás le den (incluyendo el estado) se encierran en la comodidad y se convierten en parásitos que no contribuyen ni siquiera con ellos mismos. Adicionalmente, hay criterios humanos que entran en juego, los que no trabajan son rechazados por los que sí trabajan, éstos consideran injusta la distribución del bienestar social a los que no contribuyen.

Hace un tiempo, un joven me decía que los padres deben trabajar duro para que los hijos no tengan que matarse tanto; por ejemplo, heredando las propiedades de los padres, vivirán sin la preocupación de comprar una casa u otros bienes y podrán disfrutar de la vida sin tantas preocupaciones económicas. El muchacho cree que el objetivo de la vida es tener muchos bienes materiales, sin trabajar gran cosa, para vivir feliz, saliendo de parranda todos los días, hay otros que trabajaron por mi; no se da cuenta que venimos a la vida para realizar nuestro ciclo de lucha y mejoramiento, similar al de nuestros antecesores; nuestro bienestar está determinado por nuestro propio esfuerzo y no por los bienes o recursos que la familia posea y nos deje como herencia.

Definir Ideas y Principios

Las ideas y principios no aparecen de la nada, hace falta tener conocimientos básicos del área de interés en que nos desenvolvemos. Ante el cúmulo de factores que determinan el bienestar del individuo en sociedad, y para que ésta funcione, se hace necesario condensar las ideas y principios en afirmaciones concretas que sirvan a todos los ciudadanos, independientemente del sistema sociopolítico en que se desenvuelven. Los grandes pensadores deben, por un lado, poseer buenos conocimientos, profundizar en los temas, y luego generalizar para producir ideas y principios que sean de utilidad en la toma de decisiones. Existen ideas y principios que son independientes del gobierno de turno y que deben exigirse para proteger el bienestar de los ciudadanos. Ejemplos claros son los sistemas de sanidad, educación, transporte, servicios públicos, que deben funcionar en toda sociedad independientemente del modelo político pero que están sujetos a un cómo, una manera particular de proceder, un modelo específico. Las diferencias están en el cómo y no en el qué.

Analizar el Por Qué del Porque

Cuando encontramos una explicación sobre un tema o problema a resolver, llegamos a una conclusión que tiene un por qué; el ejercicio adicional es explicar el por qué llegamos a ese porque. Los grandes pensadores deben utilizar distintas maneras de analizar las situaciones, el pensamiento común, el pensamiento fundamentado, y el pensamiento a profundidad. El pensamiento común es fruto de la percepción, de las vivencias individuales, usualmente sin mayor crítica, lo importante es la utilidad práctica, se requiere que las cosas funcionen sin considerar las mejoras. El pensamiento fundamentado es fruto de la investigación, tiene un objetivo teórico para comprender y explicar los fenómenos, definir cómo funcionan las cosas, y finalmente sugerir cómo mejorar las cosas. El pensamiento a profundidad no se conforma con las sugerencias fundamentadas sino que profundiza en el qué y el por qué de las cosas. Con profundidad se busca aclarar la verdad de las cosas, en otras palabras, se busca la sabiduría. La verdad absoluta existe solo en situaciones simples, por lo tanto la verdad depende de un contexto y la tendencia es a buscar verdades parciales; en este caso por lo menos se establece cuál es la verdad que queremos utilizar para soportar las decisiones. Esa actitud de busqueda de una verdad explicable suele llevarnos a nuevos conocimientos que evolucionan en el tiempo y podemos utilizarlos en el futuro.

Producir Soluciones Comprobables

Es común en política proponer alternativas que no han sido comprobadas en la práctica; se implanta una solución que no ha sido ensayada previamente en algún escenario modesto antes de afectar a toda la población; usualmente se sigue el proceso empírico, probando y corrigiendo con todos los afectados. Ese proceso empírico tiene la dificultad de que si no produce resultados positivos la primera vez, deja una secuela de problemas en la sociedad que son cada vez más difíciles de solucionar. En medicina y en política, por mencionar solo dos, los afectados son los pacientes y los individuos respectivamente, por lo tanto, es necesario ensayar las medidas a tomar en grupos pequeños de la sociedad y comprobar su aplicabilidad; en medicina se prueban los medicamentos en grupos de personas antes de aplicarlos al resto; lo mismo debería hacerse en política, ensayar con grupos de la sociedad y si los resultados son exitosos seguir expandiendo.

Pensar con Mente Abierta

Los grandes pensadores tienen que poseer una mente abierta, dispuesta a escuchar distintos puntos de vista, analizarlos en profundidad, y finalmente recoger las mejores ideas y ponerlas en funcionamiento. Tener la mente abierta no es común, la mayoría de los humanos tienen tendencia a encerrarse en ideas inviables y mantenerlas presentes como verdaderas sin aceptar otros puntos de vista. Las tradiciones son un ejemplo de posible mente cerrada. Cuando una tradición se somete a escrutinio público y se demuestra su inconveniencia, debería olvidarse y sustituirla por una visión actualizada al conocimiento actual. Son muchos los conservadores que no aceptan nuevos puntos de vista y se oponen al cambio.

Algunos ejemplos están relacionados a las corridas de toros o al boxeo, personalmente he sido aficionado a los dos pero reconozco que el maltrato público a los toros y a las personas no se compadece con una sociedad que evita el maltrato a los animales y a los humanos. Imagínense el caso de las ideologías, la situación es mucho peor, las malas ideologías son perniciosas para la humanidad. Todos hemos conocido alguna vez a un comunista o un socialista, creen que tienen la verdad de la vida en sus ideas e imponen ideas atrofiadas que afectan a todos. Creen que los ejemplos conocidos de fracasos de esos sistemas se deben a que las personas que los han implantado no han sabido hacerlo, que con otras personas al mando sí van a lograr los éxitos anhelados. Hay cientos de ejemplos de fracasos de esos sistemas y siempre repiten el mismo libreto, eso que implantaron no es ni socialismo ni comunismo, es otra cosa, si hubieran sabido hacerlo ya verían mejoras inmediatas. No se dan cuenta de que esos sistemas son totalitarios por diseño, quieren que los individuos sean todos iguales y se comporten igual, que todos sean generosos, que todos sean bondadosos, etc. Los humanos no son ni abejas ni hormigas que tienen un cociente intelectual muy bajo; son diferentes, por lo tanto, una ideología debe contemplar esa característica e impulsar independencia y colaboración a la medida de los grupos involucrados; no debe haber una imposición total a comportarse de una determinada forma.

Comunicarse Eficientemente

Los grandes pensadores necesitan comunicarse efectivamente con todos los grupos de ciudadanos. Existen muchas técnicas comunicacionales que el gran pensador debe dominar, además de las técnicas individuales de escritura, presentación de ideas, comunicación oral, saber escuchar, uso de medios de comunicación modernos, utilizando internet, etc. debe conocer técnicas de negociación, eficiencia, y evaluación que le permitan expresar conclusiones comparando varias tendencias ideológicas.

Es importante mantener el contacto con todos los involucrados, para respetar a los que difieren de nosotros. Aquí habría que reconocer que de la misma manera que los socialcomunistas no dan su brazo a torcer, los que no compartimos esa ideología no debemos imitarlos; cuando haya ideas distintas, hay que discutirlas en profundidad para convencer con argumentos y no por la fuerza. Queda claro que los demócratas no aceptan una sociedad totalitaria, por lo tanto, si ésta se instala al mando del gobierno, deben luchar para su erradicación, utilizando, en lo posible, medios racionales de convencimiento.

Razonamiento Positivo

Los grandes pensadores se caracterizan por la constancia de sus observaciones, pensar requiere una rutina diaria de trabajo, no es algo fortuito que proviene del exterior de nuestros cuerpos, en todo caso es una combinación de conocimientos almacenados y circunstancias reales o abstractas que aclaran una estrategia o definen una idea nueva. Los pensadores utilizan procesos metódicos para llegar a conclusiones contundentes; evitan el sesgo cognitivo que facilita parcializarse injustamente; fomentan el espíritu crítico para incluir distintas perspectivas; se concentran en las causas de los problemas y no en los causantes; buscan soluciones a los problemas sin enfrascarse en detalles colaterales que no contribuyen a resolverlos; desarrollan modelos mentales del mundo en que se vive para facilitar la comprensión; son humildes intelectualmente, no se sienten superiores a los demás; toman en cuenta las emociones para evitar prejuicios; y definen objetivos claros para garantizar resultados comprobables.

Herramientas de Análisis para Grandes Pensadores

Los grandes pensadores deben poseer herramientas para producir mejores propuestas, las características de algunas se dejan a la discreción de los lectores para ser investigadas: interpretación y criterio, dilema y crítica, creatividad, curiosidad, inventiva, contemplación, observación, comprensión, presentimiento, intuición, abstracción y generalización, persuasión, perspectiva, metáfora, analogía, y falacias.

Aspectos más resaltantes del Capítulo 9: Los Grandes Pensadores

- Los grandes pensadores deben tener una capacidad especial para identificar los temas más importantes para la sociedad y los individuos, estudiarlos en profundidad, y proponer las mejoras necesarias. Los grandes temas que afectan a la humanidad son los que requieren de la materia gris para razonar y proponer grandes soluciones
- Hay que prepararse intelectualmente en todos los temas importantes, aquellos que los afectan personalmente y aquellos que afectan a las sociedades en que se desenvuelven
- La libertad se considera un valor humano, implica que se le permite a los individuos perseguir sus pasiones sin interferencia externa, ellos deciden dónde vivir, dónde trabajar, de quién enamorarse, etc.
- Los seres humanos necesitan integrarse a la sociedad de acuerdo a sus capacidades. Las personas necesitadas de ayuda deben recibirla a corto plazo e integrarse productivamente a la sociedad en el medio y largo plazo
- El poder de los gobernantes debe ser limitado y está definido por el contrato social que define las instituciones del estado. Hobbes promueve un contrato en que los individuos ceden sus derechos al estado. Locke promueve un contrato social condicional en que el gobierno tiene límites en su poder. Finalmente, Rousseau favorece el gobierno del pueblo
- La propiedad hay que defenderla en todo contexto, siempre que no infringimos la libertad o los derechos de propiedad de los demás
- Estado de derecho. El orden social requiere de la colaboración de los afectados, los valores, creencias, normas, y prácticas que se acuerdan en comunidad deben ser respetados por los participantes
- La democracia es un sistema de gobierno que permite la participación de los ciudadanos en las decisiones del estado. A través de instituciones independientes del ejecutivo es posible limitar el poder del ejecutivo para recuperar el balance de la sociedad y permitir mayor estabilidad

- Territorios Independientes. Los países deben crecer para hacerse económicamente más fuertes y se rechaza la autonomía provincial. Además de la economía, la cultura, las tradiciones, la diversidad, la libertad, deben tomarse en cuenta antes de castigar a los que desean separarse.
- ¿Por qué los países mantienen fuerzas militares si hay paz entre los países, por qué se mantiene una fuerza militar? Los militares se convirtieron en una tradición y se mantienen como institución por costumbre
- En Venezuela, los militares se convirtieron en la fuerza que sostiene al régimen, sin ellos, el gobierno nefasto ya hubiese sido derrocado
- Las sociedades tienen que definir cuáles son los valores a perseguir, cuáles son las actividades que le dan sentido a la vida en comunidad
- Toda sociedad requiere de una orientación a la producción de bienes y servicios
- El comercio es una de las profesiones más antiguas de la humanidad, por lo tanto, no hay contradicción cuando decimos que todas las sociedades incluyen el comercio en sus actividades
- Cultivar el conocimiento y la educación es una potencialidad que determina la capacidad intelectual de las civilizaciones, el avance de la cultura y que les permite progresar
- Una sociedad que se respete debe integrar a los pobres y ayudarlos a progresar, tomando en cuenta que muchos pobres no buscan beneficencia, buscan oportunidades
- Trabajadores son todos los ciudadanos, la diferencia está en qué es lo que hacen. Los salarios justos no pueden ser impuestos, lo que se requiere es facilitar la competencia para que el mercado regule automáticamente la oferta y la demanda de empleo
- Aunque, en principio, la participación del trabajador es bienvenida en la toma de decisiones, éstas deben ser tomadas por los responsables asignados y no por una junta de trabajadores sin la calificación correspondiente
- Las ideas pueden estudiarse a distintos niveles de profundidad; superficialmente, comenzamos a comprender, pero solo a medida que profundizamos encontramos elementos que aclaran las necesidades y llegamos a soluciones satisfactorias

- Las ideas y principios no aparecen de la nada, hace falta tener conocimientos básicos del área de interés en que nos desenvolvemos
- Cuando encontramos una explicación sobre un tema o problema a resolver, llegamos a una conclusión que tiene un porque; el ejercicio adicional es explicar el por qué llegamos a ese porque
- Es común en política proponer alternativas que no han sido comprobadas en la práctica; se implanta una solución que no ha sido comprobada previamente en algún escenario modesto antes de afectar a toda la población
- Hay que poseer una mente abierta, dispuesta a escuchar distintos puntos de vista, analizarlos en profundidad, y finalmente recoger las mejores ideas y ponerlas en funcionamiento
- Hay que comunicarse efectivamente con todos los grupos de ciudadanos. Escritura, presentación de ideas, comunicación oral, saber escuchar, uso de medios de comunicación modernos utilizando internet, etc., técnicas de negociación, eficiencia, y evaluación para expresar conclusiones
- Hay que mantener constancia en las observaciones, pensar requiere una rutina diaria de trabajo, no es algo fortuito que proviene del exterior de nuestros cuerpos; en todo caso es una combinación de conocimientos almacenados y circunstancias reales o abstractas que aclaran una estrategia o definen una idea nueva
- Herramientas de Análisis: Los grandes pensadores deben poseer herramientas para producir mejores propuestas: interpretación y criterio, dilema y crítica, creatividad, curiosidad, inventiva, contemplación, observación, comprensión, presentimiento, intuición, abstracción y generalización, persuasión, perspectiva, metáfora, analogía, y falacias

Capítulo 10: Usando Las Llaves

La política es una actividad que implica, además de muchos otros factores, comprender las relaciones humanas ya que son los humanos los que se benefician de la contribución política. Los políticos deben involucrarse en la solución de los conflictos que todo comportamiento humano genera. Los humanos siguen un proceso de relaciones personales marcado por altos y bajos en la calidad de las interacciones. Esas relaciones pueden permanecer estables por largo tiempo, a pesar de los problemas que ameritan intervención pero que nunca se atacan. En un momento dado, se presenta un quiebre causado por una crisis, que puede implicar el fin de una relación. En algunos casos, la crisis se presenta por un cambio introducido por alguno de los participantes y que afecta las creencias que se tenían sobre la salud de la relación; no todos los participantes tienen la misma visión sobre cuál es el modelo de una relación estable.

Cuando se presenta un problema cualquiera, necesitamos establecer los hechos y las características de los procesos rutinarios que se realizan. Con el paso del tiempo y por la acumulación de problemas no resueltos satisfactoriamente, puede presentarse una crisis. En este caso, con más razón, tenemos que identificar los pormenores, qué sucedió para entrar en crisis, qué ha venido pasando durante el tiempo, cuál es la historia de las relaciones, quiénes son los participantes, cuáles son las creencias de cada participante y sus puntos de vista, cuál es la situación después de la crisis, qué hacer frente a la crisis.

La Transformación de la Sociedad

La evolución de la sociedad es un fenómeno normal en todas las culturas, con el paso del tiempo hacen falta cambios que desembocan en mejoras del comportamiento social. Muchas veces los cambios pueden ser positivos pero en otras ocasiones resultan negativos ya que fomentan aberraciones o perversiones. La moral, las buenas costumbres, las virtudes, los principios y valores pueden verse afectados y requieren de intervención. Hay temas muy importantes que las sociedades deben afrontar, por ejemplo, la erradicación de la pobreza, la búsqueda de la equidad, la legalización de las drogas, la aceptación del aborto, el reconocimiento de múltiples tendencias sexuales, la integración de los individuos de todos los sexos, edades y razas a la vida cultural y productiva, la proliferación de gobiernos belicistas con ideologías totalitarias, y la satanización del comercio y el capitalismo. Cada uno de los temas requiere de un proceso de análisis y síntesis para determinar los pros y los contras, identificar los puntos de vistas de los participantes, proponer alternativas, y definir las soluciones; en muchos casos no es que la mayoría esté en favor o en contra, hay muchos factores a considerar, el conocimiento y la armonía de las soluciones deben basarse en principios humanos.

Legalización de las Drogas

Tomemos uno de los temas, la legalización de las drogas, en particular el caso de la mariguana. Muchos países ya han liberado la producción, distribución, venta, y consumo de esa droga. De la misma manera que solucionan parte de los problemas, crean nuevos problemas que requieren de solución. Hoy en día, son los vecinos de fumadores de droga los que salen perjudicados, el humo de la droga se mete a todos los apartamentos o casas cercanas, causando molestias pulmonares.

De qué hablamos: la sociedad ha tenido una posición punitiva hacia el consumo y distribución de drogas, por muchos años se ha penalizado a los consumidores y traficantes. Para evitar el consumo de droga sin control sanitario se legaliza la droga pero no se analiza que molestias causa el humo a los vecinos.

Historia de eventos: la experiencia ha demostrado que la prohibición no ha dado resultados, al contrario, ha motivado la curiosidad de los jóvenes. Hay una tendencia mundial a legalizar ciertas drogas para evitar el consumo y distribución incontrolada de los estupefacientes. Ya que nunca tuvieron buenos resultados con la persecución de los consumidores y traficantes decidieron legalizarla.

Principales participantes: los participantes principales son todos los consumidores y distribuidores de sustancias tóxicas, pero al fin de cuentas todos los ciudadanos están afectados, directa o indirectamente. Los vecinos de fumadores resultan ser los más afectados.

Creencias: las principales creencias son, prohibir el tráfico y consumo de drogas, o legalizar el tráfico y consumo de drogas. La primera creencia ha demostrado que no funciona, tantos años castigando a los traficantes y consumidores y nunca se acaba la adicción. La segunda está en proceso de prueba, ya son muchos países que las legalizan; ahora el problema se traslada a los que viven cerca de los consumidores puesto que salen afectados por el humo de la mariguana.

Las creencias positivas de las drogas se refieren a que representan un medio de recreación que facilita las relaciones sociales, ayudan a mitigar los dolores, la ansiedad, la depresión, y olvidarse de los problemas en general. Hay creencias negativas sobre las drogas, por ejemplo, permite a los gobiernos dominar a la población, afecta el trabajo productivo de la población, afecta la salud de los ciudadanos, pone en peligro la vida de otros ciudadanos inocentes.

Modelos disponibles: los modelos de sociedad son variados, una sociedad conservadora, teocrática, tradicionalista, totalitaria, no acepta la legalización de las drogas; una sociedad liberal acepta la posibilidad de legalizarlas para tener mejor control del consumo, poder actuar según la experiencia y corregir en el camino; una sociedad libertaria deja en manos de los individuos la decisión del consumo y son los afectados los que actúan en consecuencia. Tradicionalmente, las religiones han recomendado evitar el consumo de sustancias consideradas nocivas para la salud, sin tomar en cuenta los factores positivos antes mencionados sobre dolores, ansiedad, etc. El modelo de sociedad debería tomar en cuenta la nueva situación social, la legalización, y a cuáles participantes puede afectar.

Factores Emocionales

Cada política implementada en la sociedad tiene ciertas repercusiones. En el caso de las drogas se manifiestan emociones de los consumidores, de sus familiares y de los vecinos o afectados. ¿Cuáles son los efectos de las drogas? ¿Dañan la salud del consumidor, perjudican a inocentes o vecinos, afectan a las familias? Son muchas las emociones que afloran en cada una de las situaciones que se manifiestan. Se crean innumerables sentimientos de frustración y animadversión contra los consumidores y contra los gobiernos que han permitido esa legalización. Por lo tanto, los gobiernos deben prepararse a resolver los conflictos que se presentan y remediar las críticas que se plantean.

Modelo Persona – Mundo

Para focalizar nuestra atención usamos primero la visión introvertida, hay por lo menos tres grandes grupos, los consumidores de la droga, los que no consumen la droga y los que se benefician del negocio de la droga. Para los consumidores la legalización es un gran logro, ahora podrán adquirirla sin inconvenientes y no serán perseguidos. Para los no consumidores el problema es si la droga produce comportamientos ofensivos de los que consumen contra otros ciudadanos; añadamos el problema del humo que afecta a los no consumidores. Para los que se benefician del negocio, la legalización es una gran oportunidad de conseguir un trabajo estable que genera muchos empleos por la producción, distribución y venta de la droga.

La visión extrovertida observa el mundo y lo que sucede, el consumo de drogas se ha convertido en un problema sin solución. Penalizar el consumo no representa una solución, hay que buscar educar a las personas para que tengan una vida más sana sin necesidad de consumir drogas. El consumo de mariguana se ha popularizado casi al mismo nivel de los cigarrillos; sobre todo para los jóvenes, la mariguana es una droga recreacional casi banal. La mariguana no representa una droga peligrosa para la vida de las personas, por lo tanto, puede ser consumida sin tanta alharaca.

Para analizar la información utilizando los sentidos, observamos que el consumo de drogas suele comenzar con las drogas menos fuertes, como la mariguana, e ir progresando hacia drogas más peligrosas como las anfetaminas que ponen en peligro la vida de las personas consumidoras. Por eso, el uso de los sentidos puede llevarnos a rechazar, de plano, la legalización de la mariguana por considerarla dañina para el desarrollo de las personas.

Utilizando la intuición, consideramos el consumo de drogas como un proceso común de muchas personas y que no debe perseguirse el consumo sino castigar a los que infrinjan la ley por el consumo de drogas. Se considera la prohibición como negativa para las personas y el estado no tiene porque molestar a las personas que consumen drogas, que es una decisión personal y no social.

El proceso de tomar decisiones recomienda utilizar la lógica, preferir el convencer que el obligar. Es preferible convencer a las personas con argumentos razonados sobre el peligro del consumo de drogas que obligarlos a no consumir aludiendo a esquemas sociales protectores de la salud de las personas.

Considerando a la gente y las circunstancias, se recomienda analizar la situación particular de cada persona que ha tomado el camino de las drogas, para entender cuáles pueden ser sus motivaciones para consumir y definir una estrategia que considere su caso específico, considerando sus problemas emocionales.

Cómo manejamos las presiones propone una ruta de juicios rápidos para tomar medidas concretas, se desea dar respuestas contundentes y ejemplarizantes. Bien sea, apoyar la legalización u oponerse a ella; habrá que determinar los pasos a seguir en cada caso; si se oponen pueden plantearlo al parlamento o al poder judicial, identificando el soporte legal que justifica revocar una medida como la legalización de la mariguana.

Manejando las presiones con mente abierta amerita prudencia, dandole tiempo a la legalización para comprobar que sí ha dado resultado y proceder en consecuencia en caso de que no lo dé.

Apoyo Filosófico

El principal aspecto filosófico al que nos enfrentamos con la legalización de la mariguana es precisamente, ¿Por qué los gobiernos consideran que deben decidir por los individuos sobre el consumo o no de alguna droga? Cualquier droga debería ser de libre consumo y la responsabilidad recae en el individuo; si hace daño o afecta a los demás, es él el que paga las consecuencias; por lo tanto el gobierno solo debe asegurarse de que hayan provisiones para compensar a los afectados, en caso de perjuicio, por el consumo de mariguana de algunos.

El proceso de razonamiento filosófico abarca múltiples temas, entre otros:

- Analizar el contraste prohibición versus legalización de la drogas.
- Analizar el impacto a los consumidores de la droga, los que no consumen la droga y los que se benefician del negocio de la droga.
- Educar a las personas para que tengan una vida más sana sin recurrir al consumo de drogas.
- Abrir canales de reclamos para que los vecinos no salgan perjudicados por el humo.
- Las personas que han tomado el camino de las drogas tienen sus motivaciones; hay que definir una estrategia que considere los casos específicos.
- Darle tiempo a la legalización para comprobar si ha dado resultado y proceder a corregir en caso de que no dé.

Razonamiento Ético

Éticamente, debemos determinar cuáles aspectos han violado la convivencia entre personas por el uso de la mariguana. Si la droga se ha legalizado es porque se considera que no afecta considerablemente la salud de los consumidores ni de los que los rodean. Ahora bien, ya se sabe que el cigarrillo es dañino, por lo tanto la mariguana es igualmente dañina. El cigarrillo se ha prohibido en ambientes cerrados como oficinas, salas de espectáculos, centros comerciales; por lo tanto la mariguana también debe prohibirse en esos lugares.

Interpretaciones: cada persona hace su interpretación de lo bueno y lo malo del consumo de drogas. No se puede decir que hay una interpretación correcta y otra incorrecta, lo que es importante es que el consumidor asuma la responsabilidad por los efectos perjudiciales hacia otros, causados por el consumo de la droga.

Intereses: el consumo legal de drogas se convierte en un negocio generador de grandes ganancias para los productores y distribuidores ya que el volumen de consumidores es por lo menos del tamaño de los que fuman cigarrillos y todos conocemos las ganancias de las tabacaleras.

Factores Personales

Importancia del individuo: los individuos tienen el derecho a consumir cualquier droga, no son los gobiernos los encargados de prohibirles el consumo.

Autonomía: son las personas las que deciden qué consumir. El gobierno solo impone penalidades cuando los inocentes han salido perjudicados por los consumidores de droga.

Motivación: los consumidores de droga pueden tener motivaciones que superan la simple recreación, por ejemplo, dolores, angustia, depresión.

Factores Sociales

Tipo de sociedad: las costumbres de la sociedad, su cultura, la idiosincrasia, tienen un impacto en la reacción hacia las drogas; las sociedades tradicionalistas manifiestan rechazo hacia la apertura legal de las drogas, hasta qué punto puede presentarse conflicto depende de los propios ciudadanos y cuál haya sido su participación en la legalización de la droga.

Seguridad: la legalización de la droga trae nuevos retos para las autoridades ya que ahora es legal el consumo y hay que definir en qué consiste el delito por consumo, digamos el humo que molesta a los vecinos o los efectos de la droga en una persona que se puso violenta por el consumo.

Principios

Hay que definir cuáles son los principios que nos llevan a recomendar la prohibición o la legalización, de tal manera que se analicen los distintos puntos de vista.

Libertad: los individuos deberían ser libres de decidir si desean consumir o no drogas, siempre y cuando no perjudiquen a sus vecinos o cercanos; en caso de interferir con la libertad de otros, si afectan las actividades de los demás, el humo por ejemplo; si patrocinan el consumo de los menores de edad, por mencionar algunos casos, serán penalizados de acuerdo con las leyes y pagarán su condena.

Responsabilidad: quién es el responsable del consumo de drogas; debería ser el consumidor, el efecto de las drogas no debe trastornar las actividades normales de la sociedad; pero hay un problema, la sociedad se apropia de la decisión que tienen los individuos de consumir o no, aludiendo que prohibiendo está evitando que se produzcan accidentes que afectan a los inocentes; cada cual debería asumir la responsabilidad por los accidentes causados por el consumo de drogas.

Respeto: hay que respetar la decisión del individuo de utilizar las drogas que considere convenientes para su recreación o para mantener su salud mental o física. Cuando la sociedad prohíbe el consumo, está decidiendo por el consumidor. Penalizar a todos los ciudadanos, prohibiendo el consumo, no se corresponde con la minoría de consumidores que causan accidentes. Hay que respetar al ciudadano, éste tiene derecho a una vida sin privaciones, siempre y cuando obedezca la condición de no afectar a los demás ciudadanos.

Confianza: la sociedad debe tener confianza en sus ciudadanos, sí éstos deciden consumir drogas, lo harán de acuerdo con su propia comprensión de los riesgos por los efectos dañinos de las drogas.

Significado de la vida: las personas asumen el significado de la vida que consideran prudente. Hay personas que necesitan de estimulantes para sentirse mejor; se debe vigilar que no perjudiquen a nadie. Hay personas que utilizan esas drogas para reducir el dolor; una droga que mejore los efectos del dolor tiene aceptación en la comunidad, siempre y cuando no salgan afectados los que los rodean.

La Guerra Rusia – Ucrania

Desde el mes de febrero del año 2022 hemos visto el comienzo de la guerra entre Rusia y Ucrania, donde Putín se tomó la justicia en sus manos (apoyado por la élite al mando y sin apoyo popular) y decidió invadir un país prácticamente indefenso; aplicando una visión étnica de la historia rusa, utilizando la violencia y la intimidación (guerra y amenazas), aludiendo a los fines de grandeza imperial de la antigua Unión Soviética. Lo peor es el abuso de poder de la élite al mando, ésta goza de impunidad total para disponer del futuro de la población; los ciudadanos rusos no tienen manera de oponerse a la barbarie soviética y de expresar su disgusto hacia la guerra, están mal informados y la represión es muy fuerte.

El problema

Desde el mes de febrero del año 2022 hemos visto el comienzo de la guerra entre Rusia y Ucrania, donde Putín tomó la justicia en sus manos (apoyado por la élite al mando) y decidió invadir una país prácticamente indefenso. Aplicó una visión étnica de la historia rusa y con el uso de la violencia y la intimidación (guerra) decidió tomar el poder en Ucrania, aludiendo a los fines de grandeza imperial de la antigua Unión Soviética.

De qué hablamos:

Definitivamente, la razón principal es el abuso de poder de la élite rusa al mando, la cual goza de impunidad total para disponer del futuro de la población; los ciudadanos rusos no tienen manera de oponerse a la barbarie elitesca y de expresar su disgusto hacia la guerra, están mal informados y la represión es muy fuerte.

Si observamos lo que sucede en la guerra entre Rusia y Ucrania, es esta última la que parece estar triunfando, mientras que Putín parece debilitarse cada día. Parece factible que Rusia utilice armas nucleares contra Ucrania pero ya el resto del mundo occidental está preparado para enfrentar ese peligro y Rusia terminará perdiendo la guerra militarmente o respondiendo ante la justicia.

¿Por qué Rusia invade territorios vecinos?

Definitivamente la razón es el abuso de poder de la élite al mando del gobierno ruso que considera que la Unión Soviética no ha debido perderse y añoran regresar al poderío que tenían en otras épocas. Tienen ideas, sustentadas por la historia, donde Ucrania formaba parte de su territorio y consideran que deben recuperarlo para formar la antigua Rusia. Las pérdidas humanas y materiales han sido excesivas, y solo por complacer caprichos injustificados. Ha sido un abuso excesivo del poder, utilizando la fuerza para imponer la voluntad de la élite.

Historia de eventos:

Rusia lleva años interviniendo en las zonas fronterizas con Ucrania. Todos conocemos el caso de Crimea. En el este de Ucrania hay zonas que manifiestan simpatía hacia Rusia y Putín se aprovecha para fomentar el separatismo y fomentar la anexión de territorios. La guerra comenzó por una invasión a Ucrania pero al final se conformaron con la anexión de territorios.

Principales participantes: Ucrania, Rusia, (Unión Soviética), Europa, la OTAN, Estados Unidos de América, China, Turquía.

Creencias:

Ucrania: luego de años de lucha conquistó su libertad y se organizó democráticamente, aborreciendo al imperialismo ruso.

Rusia: desea regresar al imperialismo soviético, con la esperanza de reconquistar los territorios perdidos antes de la perestroika.

Europa: ha visto con buenos ojos la incorporación democrática de Ucrania y su rechazo al yugo ruso. Los europeos ayudan con armamento a los ucranianos.

Estados Unidos de América: apoya la conversión democrática de Ucrania y mantiene su apoyo militar con el envió de pertrechos para la defensa.

La Crisis

Después de meses de preparación con tropas en la frontera, Rusia decidió invadir a Ucrania militarmente, movilizando soldados y tanques hasta las cercanías de Kiev. Ya han pasado unos nueve meses y Rusia ya se anexó varias provincias fronterizas del Donbass. Putín amenazó con utilizar armas nucleares en caso de ataques a las regiones ocupadas por sus fuerzas. La guerra continúa con bombardeos esporádicos en distintas ciudades ucranianas y por lo visto seguirá por mucho tiempo más.

Factores Emocionales

Cada política ejecutada por la sociedad tiene sus repercusiones. En el caso de la guerra se manifiestan emociones de los líderes, de los ciudadanos, de los soldados, de sus familiares y de los países vecinos o afectados. ¿Cuáles son los efectos de la guerra? Son muchas las emociones que afloran en cada una de las situaciones que se manifiestan. Se crean innumerables sentimientos de frustración y animadversión contra los militares y contra los gobiernos que han permitido esa guerra. Por lo tanto, los gobiernos deben prepararse para resolver los conflictos que se presentan y remediar las críticas que se plantean.

Modelo Persona – Mundo

Para focalizar nuestra atención ante una situación como la de la guerra entre Ucrania y Rusia, una visión introvertida maneja un modelo libertario en que las naciones tienen el derecho a vivir independientes sin tomar en cuenta la historia, las tradiciones o las razas. Esta visión predefinida hace que se rechace la invasión rusa y se desee que asuman la responsabilidad por haber causado tanto daño sin necesidad. Otra visión introvertida, similar a la que pueda manejar el dictador Putín y su entorno, es que Ucrania es parte de Rusia según la historia, piensan que pertenece a la misma raza soviética, y que por lo tanto no tiene derecho a funcionar independientemente de los rusos y menos aún acercándose a Occidente.

La visión extrovertida de la guerra Rusia-Ucrania toma primeramente en consideración que Ucrania formó parte de la Unión Soviética, por lo tanto, Rusia tiene derecho a reconquistar su territorio, y lo puede hacer por cualquier medio disponible, incluyendo la guerra. Claro, en este breve análisis falta tomar en cuenta otros hechos reales del mundo, tal como la independencia de Ucrania, ganada a lo largo de años de lucha popular. Rusia nunca ha reconocido ese sentimiento libertario ucraniano y ha cerrado los ojos ante esa realidad. Si Rusia hubiese hecho un verdadero análisis extrovertido, hubiese buscado un nuevo tipo de arreglo mundial en el que Ucrania fuese un aliado interesado de la compañía rusa. Querer conseguir aliados por la fuerza no es un objetivo estratégico aceptable para ningún país.

Para analizar la información, utilizando los sentidos, nos concentramos en lo que está sucediendo, la guerra que afecta a los ucranianos principalmente, puesto que el agresor es Rusia. Podemos proponer negociaciones para suspender los actos bélicos y así salvar muchas vidas.

Utilizando la intuición, nos damos cuenta de que el problema puede ser mucho más grave de lo que pensamos, la guerra puede extenderse súbitamente y afectar a toda Europa y otras partes del mundo, por ejemplo, a los Estados Unidos.

La toma de decisiones utilizando la lógica se demuestra siendo prudentes ante el enfrentamiento bélico y evitando involucrarse en una guerra que puede conducir a una tercera guerra mundial. Hasta el presente, Europa solo ha ayudado a la defensa de Ucrania con material bélico pero la situación puede empeorar rápidamente.

Considerando las decisiones en función de la gente y las circunstancias, nos damos cuenta que la cantidad de muertos sigue creciendo y las dificultades causadas por la guerra se extienden al resto del mundo. La inflación se ha hecho sentir por doquier, ya no son solo los ucranianos que sufren estos efectos, somos todos los habitantes del planeta. Por lo tanto, que se prevean medidas contundentes para acabar con ese proceso de deterioro constante de la vida de los seres humanos en todo el mundo es un clamor popular.

Centrarse en la gente, sus emociones y las circunstancias particulares, evitando el conflicto, busca resolver el problema por las buenas, evitando el sufrimiento injustificado de la población ucraniana. Se requiere de decisiones pactadas con las partes para evitar la continuidad del conflicto.

El manejo de las presiones depende de los puntos de vista de los poderes mundiales. Si los Estados Unidos decide entrar en el conflicto bélico sera para terminar de una vez por todas con una guerra sin sentido, usando su contundente poder militar.

Manejando las percepciones, se prevé que la guerra se mantenga por un tiempo más al mismo nivel de confrontación, ayudando a Ucrania y observando cuál es el progreso bélico de cada participante y tomando decisiones de acuerdo a la situación. Se requiere de mucha prudencia y paciencia para no precipitar los hechos, de tal forma que el mundo occidental salga triunfante del error sovietico.

Apoyo Filosófico

Ante una situación como la de la guerra entre Ucrania y Rusia, una visión filosófica del problema maneja el modelo libertario en que las naciones tienen el derecho a vivir independientes, sin tomar en cuenta la historia, las tradiciones, o las razas. Rusia nunca ha reconocido ese sentimiento libertario ucraniano y ha cerrado los ojos ante esa realidad. Esa visión libertaria, proveniente de los sentimientos más profundos del ser humano, hace que el mundo rechace la invasión militar. La independencia de Ucrania, ganada a lo largo de años de lucha popular, merece respeto, el camino beligerante no se compagina con el conocimiento ganado después de tantas guerras.

El proceso de razonamiento filosófico abarca múltiples temas, entre otros:

- Analizar la justificación de una invasión militar en el siglo XXI.
- Un modelo libertario, en que las naciones tienen el derecho a vivir independientes sin tomar en cuenta la historia, es un paso adelante para la convivencia mundial.
- El criterio racista de Putín y su entorno considerando que Ucrania es parte de Rusia según la historia, que pertenece a la misma raza soviética es un exabrupto ideólogico.
- ¿Tiene Rusia derecho a reconquistar el territorio sovietico, y lo puede hacer por cualquier medio disponible, incluyendo la guerra?
- La independencia de Ucrania ha sido ganada a lo largo de años de lucha popular.
- Querer conseguir aliados por la fuerza no es un objetivo estratégico aceptable para ningún país. Los neosovieticos de Putín han pifiado.
- La guerra puede extenderse súbitamente y afectar a toda Europa y otras partes del mundo, por ejemplo, a los Estados Unidos.
- El establecimiento de medidas contundentes para acabar con el proceso de deterioro constante de la vida de los seres humanos en todo el mundo es un clamor popular.
- Se requieren decisiones pactadas con las partes para evitar la continuidad del conflicto.

Razonamiento Ético

No es aceptable una invasión militar a un país con el fin de conquistar territorio. Rusia no tiene derecho a decidir una guerra contra la población solo porque haya cierta disidencia en Ucrania. Los imperialismos ya han sido superados, no se justifica conquistar territorios atendiendo a criterios inventados por élites caducas.

Interpretaciones: la interpretación rusa es totalmente distinta de la ucraniana. Los rusos creen que la democracia ucraniana representa un peligro para Rusia y quieren forzar la reunificación ucraniana al territorio ruso. Del otro lado Ucrania quiere defender lo que tanto le ha costado, separarse del imperialismo ruso que no acepta la democracia y quiere mandar totalitariamente al resto de sus vecinos.

Perspectivas: no hay punto de encuentro entre Rusia y Ucrania puesto que son dos sistemas políticos totalmente distintos, autocracia contra democracia.

Intereses: ya los intereses de Rusia y Ucrania se han alejado de una convivencia impuesta por los rusos, por lo tanto no hay punto de encuentro que los acerque.

Poder: los rusos solo han utilizado su poder bélico contra Ucrania ya que no tienen poder de convencimiento; son dos sistemas políticos totalmente distintos.

Factores Personales

Importancia del individuo: para los rusos, los individuos son solo unos peones que siguen los lineamientos de los líderes al mando. En cambio, los ucranianos se han inclinado por darle importancia al individuo tal como lo define la búsqueda de la democracia.

Autonomía: los rusos buscan la dependencia de Ucrania ante el imperialismo ruso. Los ucranianos buscan la independencia; ya estuvieron muchos años bajo el yugo soviético, sin sacar ningún provecho, solo alimentando al pueblo ruso.

Motivación: los ucranianos están motivados por la democracia. Los rusos están motivados por la conquista de Ucrania.

Disciplina: los ucranianos han demostrado mejor disciplina que los rusos. Han resistido las embestidas rusas y han venido saliendo victoriosos.

Arrogancia: los rusos han demostrado arrogancia pero no han demostrado tenacidad.

Ambición: los rusos tienen la ambición de conquistar el granero soviético. Los ucranianos tienen la ambición de mantenerse democráticos.

Envidia: los rusos demuestran la envidia que les da que Ucrania quiere ser libre y democrática.

Factores Sociales

Tipo de Sociedad: la sociedad rusa es una sociedad enferma que no ha superado la pérdida de la Unión Soviética. Rusia es un país pobre, a pesar de la extensión de su territorio, que no produce alimentos suficientes para alimentar a su pueblo y tiene que recurrir a la fuerza para apoderarse de los territorios relativamente ricos como Ucrania.

Idiosincrasia: los rusos se sienten imperialistas, tal como lo fueron durante la Unión Soviética, no aceptan que Ucrania se haya liberado del yugo imperial ruso.

Diplomacia: el mundo occidental ha colaborado con Ucrania suministrando armamento defensivo para repeler el ataque ruso pero no se ha implicado más allá. El ataque ruso ha debido ser repelido contundentemente, incluyendo el uso de fuerza, ya que ninguna nación tiene el derecho de atacar a otra impunemente, sin sufrir los mismos daños que causa.

Principios

Hay que definir cuáles son los principios que nos llevan a rechazar la guerra de Rusia contra Ucrania.

Libertad: la libertad de los pueblos debe ser garantizada; los pueblos que han logrado su independencia ideológica de la Unión Soviética tienen el derecho a vivir en democracia sin temor a ser invadidos por fuerzas foráneas.

Responsabilidad: es responsabilidad de Ucrania defenderse y de los países europeos ayudarlos ante el ataque ruso y exigir la liberación de los territorios ocupados; los europeos deberían escalar el conflicto para entrar en guerra contra Rusia, la falta de ética rusa es total.

Respeto: las naciones que han recuperado su democracia merecen respeto; Rusia ha invadido Ucrania injustamente, atacando a un país casi indefenso, por suerte, Ucrania ha contado con el apoyo europeo. Si los rusos se dan el lujo de atacar impunemente un país, la respuesta debe ser contundente, la guerra Rusia-Ucrania-Europa es inevitable.

Confianza: Ucrania debe tener confianza en su futuro libertario y sin la presencia de Rusia en su territorio. Hasta el presente (mes de noviembre 2022) se mantiene determinado a no rendirse.

Honestidad: los rusos no han sido honestos con los ucranianos, los han atacado por la espalda, aprovechándose de su superioridad bélica y causando daños que tomarán años para recuperar Ucrania.

Significado de la vida: para los rusos, la vida es mantener la hegemonía soviética en lugar de evolucionar hacia un nuevo orden internacional donde la guerra no sea una opción. Para los ucranianos, la vida es transformarse en una sociedad democrática, evolucionando hacia el bien, sin ataduras tradicionalistas soviéticas.

Convoy Libertario de los Camioneros en Ottawa

La pandemia de Covid representó una de las mayores pifias médicas y gubernamentales de la historia. Se vulneraron principios básicos que afectaron la libertad de los seres humanos. Los ciudadanos no reaccionaron a tiempo ante las medidas coercitivas pero una protesta de camioneros, exigiendo la eliminación del requisito de las vacunas en la frontera USA-Canadá, despertó los ánimos, e identificó la injusticia infligida a toda la población (confinamiento y exigencia del pasaporte de vacunas).

De qué hablamos:

La protesta se popularizó en todo el país ya que muchos canadienses aborrecen el confinamiento y consideran discriminatoria la exigencia de un pasaporte de vacunación. La forma en que los gobiernos provinciales y federales enfrentaron la pandemia demuestra la poca consideración hacia los ciudadanos, una cosa es ofrecer paliativos con vacunas, colocarse el tapabocas, y mantener distancia y otra cosa es mantener confinada a toda la población por tanto tiempo y exigir obligatoriamente la vacunación de todos. Los camioneros fueron los salvadores de la ciudadanía en vista de que realizaron una contundente medida de protesta contra las medidas aplicadas para combatir la pandemia.

Historia de eventos:

Desde el mes de enero de 2022 se comenzaron a realizar protestas de los camioneros que suelen atravesar la frontera entre Canadá y los Estados Unidos, relacionadas con la exigencia de la vacuna contra el Covid 19. En febrero, llegaron muchos camiones a la ciudad de Ottawa, capital de Canadá, con el objetivo de protestar esa exigencia de vacuna; las calles fueron cerradas por los camioneros, que se atravesaron en plena vía pública. Los vecinos comenzaron a protestar por la presencia de los camioneros y pidieron al gobierno que terminara la protesta.

La protesta de los camioneros fue bien recibida por la población ya que fue la única expresión contundente de protesta contra las medidas negativas impuestas por el gobierno para combatir el Covid. La protesta de los camioneros ya no fue solo para beneficiar a los camioneros sino que todos los ciudadanos del país agradecen el sacrificio de los camioneros; los camioneros representan la inconformidad de todos los ciudadanos del país contra esas medidas tan punitivas.

La Crisis

En febrero, llegaron muchos camiones a la ciudad de Ottawa, capital de Canadá, con el objetivo de protestar la exigencia de vacuna y exigir que se eliminaran los requisitos de pasaporte de vacuna; muchas calles fueron cerradas por los camiones atravesados en plena vía pública. Muchos camioneros tuvieron un comportamiento prudente, tratando de no molestar a los vecinos, sin embargo, otros tocaban las cornetas a altas horas de la noche, encendiendo fuegos artificiales y estacionados sobre las aceras. Muchos vecinos comenzaron a quejarse de los camioneros.

Las protestas se extendieron a la población en general que no estaba satisfecha con las medidas del primer ministro Justin Trudeau, el cual tomó una posición conflictiva, declarando una emergencia nacional, que no contribuyó a solucionar el problema. Por supuesto, siempre hay aprovechadores de oficio que se valen de la situación para vulnerar la estabilidad del gobierno, pero esto no es culpa de la población. El primer ministro exageró la situación, solicitando medidas extremas para contener la crisis. El primer ministro llegó a afirmar que había sido elegido por el pueblo para arreciar el confinamiento y exigir la vacunación de todos e imponer un pasaporte de vacuna: en las elecciones nunca se preguntó si estábamos satisfechos con el manejo de la pandemia, por lo tanto el primer ministro exageró su importancia.

Principales participantes: la gente que observa por televisión los eventos cree que los camioneros se tomaron la ley en sus manos y actuaron injustamente, perjudicando a los vecinos de Ottawa. Esa es una visión muy simplista de los hechos, los camioneros representaron solo el pico del iceberg, existía un malestar muy acentuado en toda la población. El gobierno creyó que sus medidas de confinamiento y pasaporte de vacunas contaban con el apoyo de la población pero estaban equivocados. No entendieron el malestar que casi toda la población del país sentía; una mayoría de la población se solidarizó con los camioneros que aunque solo pedían flexibilización de las exigencias en la frontera, reflejaron el descontento general de la población, el mensaje de la gente se identificó con el pedido de los camioneros: Cambie sus medidas de confinamiento y pasaporte de vacunas a nivel nacional, no solo para los camioneros sino para todo el país. Los vecinos de Ottawa, por supuesto que salieron perjudicados en su rutina y tranquilidad pero la realidad es que ellos son una minúscula minoría ante toda la población nacional que necesitaba cambios de las políticas sociales para manejar el Covid; nadie desea perjudicar a los vecinos de Ottawa pero la dimensión del problema rebasa con creces los límites urbanos de unas cuantas cuadras de Ottawa.

Las Creencias: La Libertad

La libertad de los ciudadanos es un principio no negociable, tener la posibilidad de movilizarse, visitar a la familia, asistir al colegio, la universidad, el trabajo, disfrutar de una recreación, son actividades garantizadas a todo ciudadano, independientemente de si estamos en guerra o en pandemia. Por otro lado, la voluntad de las personas que no confían en el beneficio de las vacunas debe ser respetada, inocularse un agente externo no puede ser obligatorio, no todos aceptamos vacunas, pueden ser nocivas, o tener efectos secundarios. Los ciudadanos canadienses fueron sometidos a unas condiciones injustas y extremas, gracias a los gobiernos federales y provinciales, que aplicaron medidas simplistas, dejando en manos de los médicos la decisión de cómo vivir en sociedad; el confinamiento y el pasaporte de vacuna no son medidas satisfactorias para vivir en sociedad y no garantizan el fin de la pandemia.

Medidas Simplistas

Cuando se resuelven problemas complejos con medidas simplistas, se perjudica a todos sin necesidad, no han debido pagar todos con aislamiento; en todo caso, confinar a los que están enfermos pero no hacerlo con los que están sanos. No identificaron los sitios de contagio, prohibieron casi todas las actividades educativas, culturales y deportivas; no se tenían tests de Covid efectivos y disponibles para confirmar que la gente estaba o no contagiada; fue al final de la pandemia que empezaron a distribuir tests. Las vacunas no son tan efectivas como se esperaba, tienen una confiabilidad menor al 50% y a muchos les ha repetido el contagio después de vacunados. Los efectos secundarios de las vacunas no han sido evaluados, hay muchos casos de complicaciones causadas por las vacunas, por ejemplo, aparición de dolores musculares por todo el cuerpo. Como puede notarse, las emociones generadas gracias a esas medidas simplistas fueron extremas: rabia, injusticia, frustración, depresión y angustia afloraron en toda la población. Los sentimientos comunes de frustración por el mal trabajo realizado por los gobernantes, impotencia ante unas medidas injustas que penalizaron a las personas en lugar de protegerlas; ese descalabro social demuestra la necesidad de discutir las medidas a tomar con más profundidad e implicando a la sociedad en general y al parlamento y no solo valerse de encuestas sobre la opinión de la población.

Poder Injustificado

La forma de solucionar la pandemia dio exagerado poder a la profesión médica; los médicos impulsaron el confinamiento y el pasaporte de vacunas y los políticos con poca visión se inclinaron a la solución fácil, perjudicar a la población en lugar de identificar a los enfermos y aislarlos. La medicina y la política son ciencias empíricas, se analiza la situación, se establece una estrategia y se implementan unas medidas; si las medidas dan resultado se mantienen, pero si no, se revisa de nuevo la situación y se cambian las medidas esperando mejores resultados, se continúa el ciclo hasta solucionar el problema. Es natural que un médico sugiera el confinamiento pues se supone que la transmisión del virus es entre personas, pero un gobernante no puede paralizar un país porque los médicos lo sugieran, ha debido tomar en cuenta la sugerencia pero solo aislar el acceso a determinados espacios públicos contaminantes, pero sin paralizar el libre movimiento.

La profesión médica y los gobernantes están desacreditados, no dieron la talla, la solución de los problemas sociales causados por la pandemia no pueden justificarse solamente por criterios de salud, la vida en sociedad va más allá de la prevención. A partir de ahora, los ciudadanos no podrán confiar plenamente en los médicos ni podrán aceptar que los gobernantes tomen medidas simplistas que no toman en cuenta el contexto social. Algunos gobernantes pagarán con la pérdida de su liderazgo ya que traicionaron principios básicos: los ciudadanos se vengarán de la injusticia cometida en las próximas elecciones.

Factores Emocionales

Puede afirmarse que el Covid ha sido una pandemia que afectó a todos los habitantes, tiene el potencial de matar a muchos seres humanos. Las personas han padecido de miedo, rabia, confinamiento, separación, frustración, dificultades de todo tipo. Emocionalmente todos fuimos afectados y se generó un sentimiento de rechazo hacia las medidas impuestas. Los gobiernos aplicaron las medidas recomendadas por los médicos ya que no cuentan con estrategias claras para contener la expansión del virus. Algunos piensan que las medidas eran necesarias, que no había más remedio pero otros pensamos que fueron exageradas. El confinamiento, las exigencias de vacunas, el tapabocas, todos eran mecanismos exagerados. El único que podía aceptarse, en ciertos lugares, era el tapabocas.

Modelo Persona – Mundo

Focalizar nuestra atención con una visión introvertida, en el caso del convoy libertario, tiene al menos dos lecturas claras, una se refiere a las personas que sienten sus principios vulnerados por las medidas de confinamiento y exigencia de pasaporte de vacunación y otra que se refiere a aquellos que consideran positivas esas medidas. Las personas que se rigen por principios libertarios rechazan ese tipo de medidas. Las personas que favorecen la autoridad del estado, son obedientes, aceptan lo que les exigen. Estos dos puntos de vista son básicamente incompatibles, unos son principistas, los otros son sumisos. Es superior el criterio basado en principios que el que está basado en la obediencia ciega. Es cierto que la defensa de los principios crea conflictos, pero todos sabemos que éstos eventualmente se resuelven, no son eternos.

La visión extrovertida observa el mundo y lo que los rodea, consideran que los problemas causados por el convoy libertario superan con creces los beneficios, son personas conservadoras que no aceptan sufrir temporalmente unas dificultades, quieren que la gente no proteste y no se manifieste en contra de nada, quieren que el status quo se mantenga indefinidamente sin conflictos.

Para analizar la información disponible recurrimos a nuestros sentidos, si observamos los hechos transmitidos en los medios de comunicación nos hacemos una idea de las dificultades causadas por el convoy libertario. Los vecinos de Ottawa salieron perjudicados por los ruidos y las dificultades para el movimiento. El comercio con el gigante del sur se vio interrumpido por varias semanas, causando pérdidas comerciales. Pero si tenemos una posición sostenida por principios, son primeros éstos que las pérdidas económicas y el malestar de los vecinos.

La intuición nos hace favorecer los principios libertarios sobre la economía o las molestias al tráfico, en vista de que esperamos que la protesta sirva para transformar a los responsables en personas que respeten los principios fundamentales sin dejarse llevar por medidas temporales para beneficiar a un grupo de privilegiados.

El proceso de tomar decisiones según la lógica puede favorecer tanto a los gobernantes como a los libertarios. Para los gobernantes, es fundamental restablecer el orden en las calles para que se normalice el flujo vehícular, comercial y el agobio a los vecinos. Para ello pueden seguir al menos dos rutas, la negociación o la represión con los libertarios. El gobierno se decidió por la represión.

Según la gente y las circunstancias, el gobierno fracasó en el hecho de acabar con la rebelión ya que no se percató de que había un clamor popular por el fin de las medidas coercitivas a la población. En lugar de ver la protesta de los camioneros limitada a unos pocos, debió darse cuenta de que la gente de todo el país estaba en desacuerdo con las medidas de confinamiento y pasaporte de vacuna.

El manejo de las presiones utilizando juicios es típico de los políticos, prefieren el orden y la estructura y se apegan a las leyes, en lugar de entender los principios que motivan a las personas. El decreto de emergencia fue la mejor prueba de búsqueda de solución rápida sin mayores consideraciones.

La visión perceptiva de las presiones requería mente abierta, respondiendo a una comprensión de las dificultades de toda la población y no encerrándose en los camioneros solamente. Tratando de resolver los problemas tomando en cuenta los problemas de los camioneros y de la población en general.

Apoyo Filosófico

Desde el punto de vista filosófico, las personas tienen derecho a vivir una vida sin tantas restricciones. Confinar a las personas es una forma de limitar la libertad de movimiento de las personas; exigir pasaportes de vacunación es una medida que demuestra una potencial discriminatorio contra las personas que no quieren inyectar sustancias desconocidas en sus cuerpos. Fueron casi tres años aplicando medidas injustas contra la población; aunque el cansancio fue el detonante de los reclamos, los principios vulnerados superan con creces el malestar acumulado de la población. Una sociedad no puede funcionar inmovilizada aunque el virus se transmita principalmente por el contacto entre humanos. El confinamiento, las exigencias de vacunas, el tapabocas, todos eran mecanismos exagerados. Las vacunas no han demostrado ningún poder curativo o preventivo; en muchos casos hasta dejaron secuelas a los que se inyectaron.

El proceso de razonamiento filosófico abarca múltiples temas, entre otros:

- El derecho a la protesta tiene que ser evaluado, hay que establecer los límites de su ejercicio y definir canales de reclamo de la población para evitar injusticias.
- Se vulneran principios relativos a la libertad de movimiento por las medidas de confinamiento y se posibilita la discriminación por la exigencia de pasaporte de vacunación.
- Los vecinos de Ottawa salieron perjudicados por los ruidos y las dificultades para el movimiento; hasta que punto es permisible esa molestia.

- El comercio con el gigante del sur se vio interrumpido por varias semanas, causando pérdidas comerciales.
- Los conservadores aborrecen las dificultades, quieren que la gente no proteste y no se manifieste en contra de nada, quieren que el status quo se mantenga indefinidamente sin conflictos.
- Los principios libertarios son importantes, poner la economía o las molestias al tráfico por encima de la justa libertad, va en contra de principios fundamentales.
- El gobierno necesita mente abierta, comprendiendo las dificultades generadas por el Covid a toda la población y no solo atacar a los camioneros por cerrar la vías.

Razonamiento Ético

Los gobiernos aplicaron las medidas recomendadas por los médicos ya que no saben cómo contener la expansión del virus. Está muy bien que los médicos den su opinión pero eso no es suficiente como para aplicarlo a toda la población, en todas partes. Hasta se metieron con las familias, el eslabón más pequeño de la sociedad; prohibieron las reuniones con los familiares, un exabrupto. La gente no podía ir a ejercitarse al gimnasio, manteniendo distancia. Demostraron su incompetencia a nivel de la sociedad, esta requiere de soluciones adaptadas a volúmenes de personas, ya nos somos una tribu compartiendo con decenas o centenas de personas, somos miles o decenas de miles, las soluciones deben tomar en cuenta las dificultades creadas con las medidas coercitivas y no solo las bondades de aislar a las personas. En todo caso han debido aislar a los enfermos pero nunca aislar a los que están sanos. Se demostró que las medidas fueron simplistas ya que la complejidad del problema los superó.

Interpretaciones: en la sociedad hay personas que ven con malos ojos la protesta ciudadana. Tienen una visión sesgada de la vida donde solo les interesa el orden a toda costa; tienen una opinión muy pobre de los derechos humanos, consideran al ser humano como al ganado, obediente y sumiso que no reclama sus derechos. Por suerte, son muchos los que se oponen a esa visión negativa del ser humano y luchan por imponer una comprensión humana de los problemas.

Perspectivas: todas las perspectivas de los participantes de la situación causada por el Covid deben ser tomadas en cuenta. Solo las medidas que no afecten la libertad del ser humano deben implantarse; limitar el contacto familiar y de trabajo no es una buena medida, la gente debe seguir en sus actividades mientras goce de salud; solo los enfermos necesitan aislarse.

Intereses: esta pandemia demuestra que hay intereses ocultos de los gobernantes, farmaceutas, autoridades gubernamentales y de salud. Los ciudadanos han salido perjudicados por el confinamiento y el pasaporte de vacunación; los intereses de los ciudadanos no han sido tomados en cuenta, qué es lo que quiere la gente: vivir, sin tantas restricciones impuestas impunemente.

Poder: el uso extremo del poder, manifestado por las autoridades de salud, fue totalmente injustificado; el gobierno no tiene porque escuchar consejos que afectan la libertad ciudadana, a los médicos hay que decirles, 'tenéis mucha razón, y escucharemos lo que haga falta, pero no es pertinente dejar a la gente aislada y discriminada con el confinamiento y el pasaporte de vacuna.'

Factores Personales

Importancia del individuo: el individuo es el que necesita atención; si está enfermo necesita atención médica, debe usar mascarilla; si está sano, tiene que cuidarse usando su mascarilla para no contaminarse involuntariamente.

Motivación: los seres humanos necesitan motivación para realizar sus actividades, el gobierno debe contribuir a incrementarla y no representar un estorbo que perjudique la felicidad humana.

Disciplina: el uso de mascarilla requiere de disciplina, a veces nos protegemos contra los agentes externos provenientes de personas infectadas y otras veces protegemos a los demás para que no se contaminen si nosotros estamos enfermos.

Arrogancia: el gobierno debe desestimar su arrogancia, creyendo que ha hecho todo bien, y proceder a regularizar la vida en sociedad, permitiendo el libre tránsito a todos los ciudadanos.

Factores Sociales

Tipo de Sociedad: cuando la sociedad es muy obediente, sufre los embates de los malos gobiernos, éstos no tienen cómo justificar sus medidas injustas y se apoyan en los criterios médicos, que aunque son bien intencionados, carecen de la profundidad filosófica y ética necesaria para la vida de los seres humanos.

Seguridad: los seres humanos requieren de buena salud, no hay duda, pero no solo de salud vive el ser humano; los humanos quieren vivir y desarrollar sus proyectos de vida. Para ello, se requiere libertad de movimiento y buena salud; los enfermos pueden ser confinados, los sanos no lo necesitan.

Cooperación: el ser humano ha sido y será cooperante para contribuir con las acciones que se ameriten para luchar contra un virus como el Covid. Cooperar no significa perder sus derechos al libre movimiento y al rechazo de la discriminación.

Principios

Hay que definir cuáles son los principios que nos llevan a considerar positiva la protesta de camioneros en Ottawa.

Libertad: la libertad individual es uno de los principales factores afectados por las medidas del gobierno liberal. Cuando los gobiernos se olvidan de los ciudadanos, tomando medidas solo punitivas que no contribuyen a solucionar los problemas de la vida, reciben el rechazo ciudadano.

Responsabilidad: los ciudadanos tienen el derecho a protestar las medidas coercitivas injustas, impuestas por el gobierno; éste, por su parte, tiene el deber de sugerir medidas que garanticen una vida sana y saludable sin perjudicar la libertad de los ciudadanos.

Respeto: el gobierno debe respetar a los ciudadanos, éstos no son ganado que se transporta por los corrales que el gobierno define. Cómo se convive en sociedad no es una determinación médica, los médicos deben limitarse a explicar cómo se transmite el virus, qué medidas son necesarias, qué vacunas pueden usarse, qué tests son útiles; el gobierno debe analizar las recomendaciones y solo aplicar aquellas que no trastornan la vida de las personas. El confinamiento, el pasaporte de vacunas no son medidas aplicables en sociedad; el uso de mascarilla si es necesario, cada uno se protege a su propio ritmo y evita ser un transmisor de los virus.

Confianza: la experiencia del mundo con el virus ha sido contraproducente, las medidas han sido extremas, han perjudicado la vida de los ciudadanos y no han contribuido a una mejor vida para todos. Los ciudadanos deben prepararse para desconfiar de las medidas gubernamentales, si éstas son solo punitivas y no dan resultados deben rechazarse.

Aspectos más resaltantes del Capítulo 10: Usando Las Llaves
- Las relaciones sociales pueden permanecer estables por largo tiempo, a pesar de los pequeños problemas que ameritan

intervención. En un momento dado, se presenta un quiebre, un conflicto, que puede implicar el fin de la relación

- Tenemos que identificar los pormenores, qué sucedió para entrar en crisis, qué ha venido pasando durante el tiempo, cuál es la historia de las relaciones, quiénes son los participantes, cuáles son las creencias de cada participante y sus puntos de vista, cuál es la situación actual después de la crisis, qué hacer frente a la crisis

- La evolución de la sociedad es un fenómeno normal, con el paso del tiempo ocurren cambios que desembocan en el comportamiento social. Hay cambios positivos pero en otras ocasiones resultan negativos ya que fomentan aberraciones o perversiones; la moral, las buenas costumbres, las virtudes, los principios y valores pueden verse afectados

- La legalización de las drogas, en particular el caso de la mariguana, se ha iniciado en muchos países, la producción, distribución, venta, y consumo de esa droga. De la misma manera que solucionan parte del problema, crean nuevos problemas que requieren de solución. Hoy en día, son los vecinos de fumadores de droga los que salen perjudicados

- El crecimiento económico de China, Rusia, India, Arabia Saudita e Irán ha contribuido a poner en peligro la estabilidad del mundo occidental, no solo desde el punto de vista económico sino también desde el punto de vista geopolítico y militar

- El gobierno ruso considera que la Unión Soviética no ha debido perderse y añoran regresar al poderío que tenían en otras épocas. Tienen ideas, sustentadas por la historia, donde Ucrania formaba parte de su territorio y consideran que deben recuperarlo para formar la nueva Rusia

- La pandemia de Covid representó una de las mayores pifias médicas y gubernamentales de la historia. Se vulneraron principios básicos que afectaron la libertad de los seres humanos

- La protesta de los camioneros en febrero del año 2022 fue bien recibida por la población ya que fue la única expresión contundente de protesta contra las medidas negativas impuestas por el gobierno para combatir el Covid

Bibliografía

[Albright 2018] Madeleine Albright, "Fascism, A Warning," Harper Collins, 2018.

[Boloix 2017] Germinal Boloix, "Socialist Bingo: Knowledge Distorted Journey," Germinal Boloix Editor, 2017.

[Boloix 2018] Germinal Boloix, "Socialism is Dead, Nietzsche is Eternal," Germinal Boloix Editor, 2018.

[Boloix 2019a] Germinal Boloix, "Socialism and Failed States," Germinal Boloix Editor, 2019.

[Boloix 2019b] Germinal Boloix, "Human Nature against Socialism," Germinal Boloix editor, 2019.

[Boloix 2020] Germinal Boloix, "Know Thyself Ideologically," Germinal Boloix editor, 2020.

[Boloix 2021] Germinal Boloix, "Ideolocity (1): Humanidad Consciente," Germinal Boloix editor, 2021.

[Brown 2009] Archie Brown, "The Rise and Fall of Communism," Doubleday Canada, 2009.

[Bueno 2011] Bruce Bueno de Mesquita, Alastair Smith, "The Dictator's Handbook, Why bad behavior is almost always good politics," PublicAffairs, Perseus Book Group, 2011.

[Fukuyama 2011] Francis Fukuyama, "The Origins of Political Order," Farrar, Straus and Giroux editors, New York, 2011.

[Harari 2014] Yuval Noah Harari, "Sapiens, A Brief History of Humankind," McClelland & Stewart, 2014.

[Heywood 2003] Andrew Heywood, "Political Ideologies: An Introduction," Palgrave MacMillan, 3rd. Edition, 2003.

(Keltner 2010) Keltner, Dacher, Born to be Good, The Science of Meaningful Life, W.W. Norton & Company – New York – London 2009.

[McRaney 2011] David McRaney, "You are Not so Smart," Penguin Books Ltd. 2011.

[Niemietz 2019] Kristian Niemietz, "Socialism: The Failed Idea that never Dies," IEA, Institute of Economic Affairs, London Publishing Partnership Ltd. 2019.

[Steele 2017] Graham Steele, "The Effective Citizen," Nimbus Publishing Limited, 2017.

www.ingramcontent.com/pod-product-compliance
Lightning Source LLC
Chambersburg PA
CBHW060849280326
41934CB00007B/982